Dieter Rehm · Angelika Rehm · Kurt Hackenbruch

Concerto 2
Klassik für Kinder

Handlungsorientierte Materialien
für den Musikunterricht
in Primar- und Orientierungsstufe

Grafik: Charlotte Wagner

Persen Verlag GmbH
Horneburg/Niederelbe

Concerto 2 – Klassik für Kinder
Handlungsorientierte Materialien für den
Musikunterricht in Primar- und Orientierungsstufe

Konzeption und Texte: Dieter Rehm
Unterrichtserarbeitungen: Angelika Rehm
Spielsätze: Kurt Hackenbruch

Lektorat: Simone Wenderoth, Malte von der Heide
Satz: media.design, Neumünster

Gedruckt auf umweltbewusst gefertigtem, chlorfrei gebleichtem
und alterungsbeständigem Papier.

2. Auflage 2004
Nach der Neuregelung der deutschen Rechtschreibung

ISBN 3-89358-**827**-2

Die CD zu diesem Buch ist erhältlich unter
ISBN 3-89358-**828**-0

Inhaltsverzeichnis

Carl-Maria von Weber

George Gershwin

Verwendete Abkürzungen

AB	Arbeitsblatt	BXyl	Bass-Xylofon	Kl	Klavier	Str	Strings/Streicher
HB	Hörbeispiel	Fl	Flöte	Kl	Klavier	Tam	Tamburin
AXyl	Alt-Xylofon	GlSp	Glockenspiel	Met	Metallofon	Trgl	Triangel
Be	Becken	grTrom	große Trommel	QFl	Querflöte	Trom	Trommel
BFl	Blockflöte	Kb	Keyboard	Ras	Rassel	Xyl	Xylofon
BMet	Bass-Metallofon	KlH	Klanghölzer	Schkr	Schellenkranz		

Vorwort

Erlauben Sie mir am Anfang die etwas kulturpessimistische Feststellung, dass wir weitgehend in einer Augen- und Lärmkultur leben.

Schnell wechselnde Bilder und monotone Krachrhythmen schließen das Verweilen des Blickes und das Nachvollziehen einer Melodie aus. Genaues Sehen und Hören bleiben dabei leider auf der Strecke. Als Lehrkraft erfahren Sie täglich, wie es um die Sinneswahrnehmung der Ihnen anvertrauten Kinder bestellt ist, wie oft Sie Konzentration und Zuhören anmahnen müssen.

Finden wir uns damit einfach ab, dann „Gute Nacht"! Besser wir begegnen dieser resignativen Haltung aktiv, mit Interesse weckenden Vorschlägen, mit motivierenden Anregungen und mit erhellenden Informationen. Dann lässt sich Wissen vermitteln und Bildung erweitern.

Ein kleiner Beitrag dazu soll „Concerto 2" sein. Diese Unterrichtshilfe will dem Status quo begegnen und den Kindern Entdeckungsreisen anbieten, die ihnen Bausteine und Wesenszusammenhänge der musikalischen Welt nahe bringen und verständlich machen und ihnen eine Kompetenz zur Bewertung verschaffen. Wenn Kinder manche Hörbeispiele immer wieder „einfordern" oder auf dem Nachhauseweg von der Schule noch die „Morgenstimmung" oder den „Bergkönig" summen oder trällern, na, dann denke ich, ist das ein doch ganz schön nachhaltiger Erfolg eines Lernangebotes, auch für die Seele.

Doch lassen Sie mich auch etwas Einschränkendes zur Benutzung dieser Materialien sagen: Die von uns beigefügten „Bemerkungen" zu jedem Kapitel sind ausschließlich für Sie als Lehrkraft gedacht. Wir haben darauf in „Concerto 1" nicht besonders aufmerksam gemacht, da wir dies für selbstverständlich hielten. Aus gegebenem Anlass möchten wir an dieser Stelle darauf hinweisen, dass diese Informationen durchaus mündlich weitergegeben werden können, doch nach unserer Ansicht nicht zum Abfrage-Wissen gehören.

Wir möchten den Kindern über atmosphärische Bilder und musikalische Bauprinzipien Erkenntnisse über klassische Musik vermitteln. Dabei können die Tests als Abschluss einer Einheit je nach den von Ihnen behandelten Ausschnitten beliebig verändert werden. So, wie sie konzipiert sind, sind es Vorschläge.

Wenn wir den Begriff „Klassik" verwenden, dann ist er in seiner weitesten Auslegung gemeint, d. h. als Musik, die in ihrer Qualität Bestand hat. In diesem Sinne beziehen wir in unsere Beiträge, vielleicht manchem zur Überraschung, auch George Gershwin mit ein. Bei dieser Einheit haben wir allerdings an einen Einsatz schwerpunktmäßig in der Orientierungsstufe gedacht. Ein Streiflicht soll dabei auch auf den Jazz fallen.

Danken möchten wir in diesem Zusammenhang Herrn Franz Strieder für die Übersetzung der Songs „Summertime" und „I got plenty of nothing".

Für die kooperative Zusammenarbeit auch einen ganz besonderen Dank an die Firma NAXOS, auf deren Einspielungen wir bei unseren Hörbeispielen vorrangig zurückgegriffen haben.

Dieter Rehm

Bemerkungen zum Komponisten und zur Komposition

Bedřich Smetana

Bedřich Smetana und „Die Moldau“

Smetana wurde am 2. März 1824 in Litomyšl (Böhmen) geboren. Der Vater, ein Brauereipächter, führte seinen Sohn bereits im Alter von vier Jahren in die Musik ein und mit fünf spielte der Junge bereits in Quartetten mit. Mit sechs Jahren trat er in einem öffentlichen Konzert als Klaviersolist auf.

Mit fünfzehn kam Bedřich nach Prag und besuchte dort das Akademische Gymnasium. Weil ihn das musikalisch-kulturelle Angebot der Stadt mehr reizte, schwänzte er allerdings recht häufig die Schule.

Die Jahre von 1840 bis 1843 verbrachte er auf einer Schule in Pilsen und schrieb eine Reihe von Kompositionen, die die Aufmerksamkeit musikalisch interessierter Kreise erweckten.

Danach kehrte er nach Prag zurück, studierte dort Musiktheorie und verdiente seinen Lebensunterhalt mehr schlecht als recht als Klavierlehrer.

1848 gründete er eine eigene Musikschule, die er bis 1856 führte. Auf Empfehlung von Franz Liszt übernahm er danach die Leitung der Philharmonischen Konzerte in Göteborg, kehrte aber 1861 nach Prag zurück, wo er zunächst als Musikkritiker und Chorleiter und ab 1866 als Kapellmeister am tschechischen Nationaltheater tätig war.

Im gleichen Jahr kam seine Oper „Die verkaufte Braut“ zur Uraufführung. Von völliger Taubheit bedroht, gab er 1874 das Amt am Nationaltheater auf. Er starb an den Folgen einer Geisteskrankheit am 12. Mai 1884 in Prag. Trotz seiner Ertaubung schrieb Smetana in den Jahren 1874 – 79 sechs sinfonische Dichtungen unter dem Titel „Mein Vaterland“ (Má Vlast):

1. Vyšehrad (Burg der böhmischen Könige und Fürsten)
2. Vltava (Die Moldau)
3. Šárka (Schilderung des Kampfes einer blutrünstigen Amazone)
4. Z českých luků a hájů (Aus Böhmens Hain und Flur)
5. Tábor (Kriegslager des Hussitenführers Ziska)
6. Blaník (Berg in Böhmen)

Smetana hat im Vorwort der Partitur eine anschauliche Beschreibung der Moldau gegeben:

Aus zwei Quellen entspringt sie. Munter plätschert sie über die Felsbrocken, glitzert in der Morgensonne und verbreitert sich allmählich. Am waldbestandenen Ufer ertönen Jagdfanfaren.
Sie fließt vorbei an einem Dorf, von dem fröhliche Klänge eines Hochzeitsfestes zu hören sind.
In der Nacht bescheint der Mond den Reigen der Nymphen. Donnernd jagt der Fluss durch die Johannis-Stromschnellen, an deren Felsen die Wellen in aufschäumender Gischt zerspritzen.
Dann strömt er in majestätischer Erhabenheit gen Prag, wo ihn der altehrwürdige Vyšehrad begrüßt. Langsam entschwindet er in weiter Ferne den Blicken des Dichters ...

Der Anfang stellt die Quellen der Moldau dar (Flötendialog als murmelndes Wellenmotiv, dann Klarinetten, Bratschen ... – zunächst in e-Moll, dann im Ausklang E-Dur).

Der Zusammenfluss wird charakterisiert durch das erste volle Erklingen des Moldau-Themas (Holzbläser).

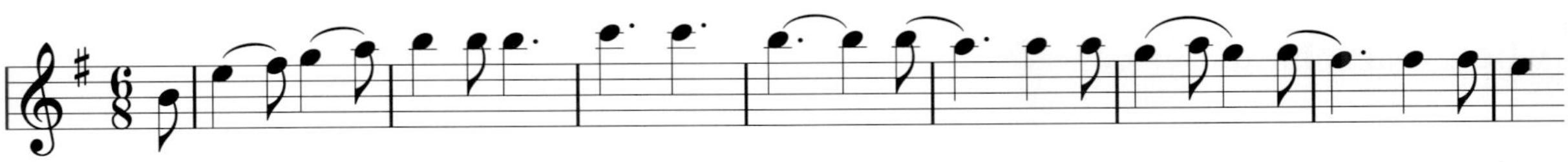

Hornsignale aus allen Richtungen symbolisieren die Jagd, doch der Strom zieht weiter (untergründige Wellenmotive).

Der wiegende 6/8-Takt des Moldau-Themas wechselt bei der „Bauernhochzeit“ (G-Dur) in einen heiter stampfenden Polka-Rhythmus im 2/4-Takt.

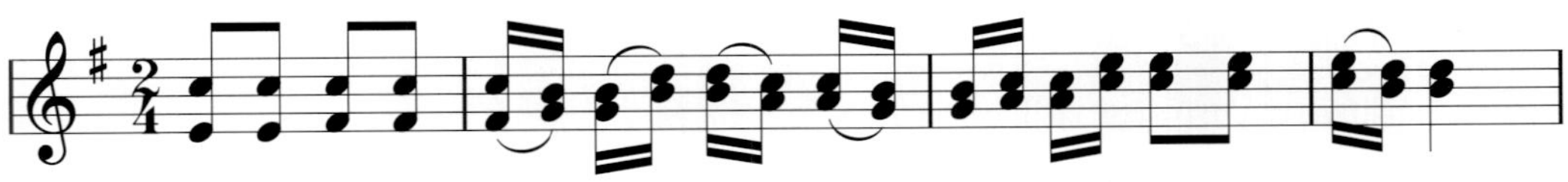

Im Kontrast dazu die Szene „Mondschein, Nymphenreigen“: ein zartes, geheimnisvolles Stimmungsbild romantischer Orchesterfarben (As-Dur). Dann zieht der Strom mit seinem Grundthema weiter.

Es wird lebhafter, drängender und reißender und schildert donnernd (Bässe, Becken) den Durchfluss an den Johannis-Stromschnellen. Noch eine letzte Steigerung, dann plötzlich Ruhe („Die Moldau strömt breit dahin“); die Moldau-Weise erklingt zum ersten Mal in klarem Dur.

Der Strom nähert sich Prag und grüßt die Burg Vyšehrad (Motiv aus dem 1. Teil des Zyklus).

Unterrichtshinweise zu „Die Moldau“

1. Ziele und Inhalte

♪ **Hörbeispiele**

HB: 1–8

- Musik Bildern zuordnen
- die einzelnen Stationen der Moldau kennen lernen
- Musik mit Adjektiven beschreiben
- Bestimmung von Instrumenten in den Hörbeispielen
- Musik anhand des Notenbildes verfolgen und erkennen
- Moldaupuzzle zusammensetzen und ein Spiel daraus entwickeln
- aus einzelnen Textabschnitten eine sinnvolle Geschichte machen
- die einzelnen Motive* auf Orff-Instrumenten einüben und zum Lesetext spielen
- Spielsatz: Moldau-Thema
- Mitspielsatz (rhythmisch)

* Aus Gründen der Spielbarkeit sind die Motive abgewandelt und den Originalmelodien nachempfunden.

2. Arbeitsvorschläge

• Motivation

AB 2 austeilen. Die Schüler/innen stellen Vermutungen an, was ein Fluss auf seiner Reise alles sehen kann.

Tafelanschrieb:

Was ich auf meinem Weg alles sah ...
Mögliche Feststellungen von Schüler/innen:
– Kinder, die in meinem Wasser schwimmen – Angler – Bauern, die auf den Feldern arbeiten – Riesige Wälder – Stadt am Hafen usw.

• Erarbeitung

- Der Lehrer/die Lehrerin erzählt etwas über Bedřich Smetana und die Moldau.
- Die Schüler/innen schneiden die Kärtchen von **AB 1** aus und ordnen sie nach den Hörbeispielen (**HB 1–8**). Anschließend schneiden sie die Abbildungen aus den Kärtchen aus und kleben sie in der richtigen Reihenfolge auf **AB 2** auf.

- **AB 3:** Es sollen nicht alle sechs Hörbeispiele in einer Stunde abgehandelt werden. Die Schüler/innen versuchen, die Musik mit Adjektiven zu umschreiben und die hervortretenden Instrumente zu erkennen.

– **AB 4/5:** Alternativ oder ergänzend zu **AB** 3 einzusetzen.
Die Adjektive werden durch senkrechte Striche voneinander abgegrenzt und danach den einzelnen Hörbeispielen (**HB 1 – 7**) zugeordnet. Beim nochmaligen Hören legen die Schüler/innen die Instrumentenkärtchen in das entsprechende Feld.

Da die Zuordnung nicht einfach ist, können auch nur die Instrumentenkärtchen zu „Quellen", „Jagd", „Nymphen" und „Stromschnellen" und in die restlichen Felder die entsprechenden Bildkärtchen eingeklebt werden.

Kopierstreifen

– **AB 6:** Die Schüler/innen versuchen anhand der Notenbilder die entsprechenden Musikbeispiele zu erkennen.

– **AB 7–9:** Zur Erarbeitung bieten sich verschiedene Möglichkeiten an:

a) Die Schüler/innen setzen das Puzzle zu einem Start-Ziel-Spiel zusammen.

b) Die Hörbeispiele (**HB 1–8**) werden gehört und danach die ausgeschnittenen Bilder gelegt. Dann werden die Kärtchen aufgeklebt (am besten auf feste Pappe). Die Spielanleitung und die Ereigniskarten können von den Schüler/innen selbst erarbeitet werden (Aufsatzerziehung/Thema: Spielanleitung erstellen).

– **AB 10–13:** Die Schüler/innen lesen auf **AB 10** die einzelnen Textabschnitte, schneiden sie aus und setzen sie zu einer sinnvollen Geschichte zusammen.
Die richtige Reihenfolge der Textabschnitte A–H finden Sie im Lösungsteil und auf **AB 11**.

Nun werden die einzelnen Motive (zur Vereinfachung leicht abgewandelt) erarbeitet (**AB 12/13**) und zum Lesetext (**AB 10 oder 11**) gespielt. Es können selbstverständlich auch die Hörbeispiele (**HB 1 – 7**) eingesetzt werden.

Die Spielsätze eignen sich auch für einen klassenübergreifenden Unterricht. So könnte eine Musik-AG oder eine 4. Klasse den instrumentalen Teil übernehmen, während eine 1. oder 2. Klasse zum Lesetext eine szenische Darstellung in entsprechender Kostümierung erarbeitet.

– Dirigiervorlage (Mitspielsatz für Triangel, Klanghölzer und Pauke)

Eine sehr reizvolle Höraufgabe und gute Konzentrationsübung ist das Mitverfolgen der Pizzicato-Klänge der Violinen (Plätschern/Hüpfen über Steine) und der Einsatz des Triangels (Glitzern in der Morgensonne) im Hauptthema. Ist eine Aufnahme in voller Länge vorhanden, so kann mithilfe der vorliegenden Rhythmuspartitur mitgespielt werden. Diese sollte jedoch *nur als Dirigiervorlage* des Lehrers verstanden und nicht an die Schüler/innen ausgeteilt werden.

Pizzicato-Violinen	(Gruppe 1):	Holzblocktrommel, Klanghölzer, Kastagnetten
Triangel	(Gruppe 2):	Triangel, Tamburin, Schellenrassel
Pauken	(Gruppe 3):	Handtrommel, kleine und große Trommel

(geeignet ab 4. Schuljahr)

* Mit dem Stab im inneren Dreieck des Triangels so schnell wie möglich hin- und herschlagen.

** Mit zwei Schlägeln Trommelwirbel schlagen.

Die Moldau – Zuordnungsübungen HB 1–8 AB 1

Arbeitsaufträge:

1. Höre dir die Musik an.
   Schneide die Kärtchen aus und ordne sie in der Reihenfolge des Gehörten.

2. Schreibe die unten stehenden Überschriften zu den Bildern.

Quellen | Jagd | Stromschnellen | Fluss entschwindet | Burg

Fluss fließt durch die Landschaft | Bauernhochzeit | Nymphenreigen

Die Moldau – Verlauf der Moldau

AB 2

Arbeitsauftrag:

Klebe die Bilder von AB 1 in der richtigen Reihenfolge auf und male sie an.

Smetana hat im Vorwort der Partitur eine anschauliche Beschreibung der Moldau gegeben:

„Aus zwei Quellen entspringt sie. Munter plätschert sie über Felsbrocken, glitzert in der Morgensonne und verbreitert sich allmählich. Am waldbestandenen Ufer ertönen Jagdfanfaren. Sie fließt vorbei an einem Dorf, von dem fröhliche Klänge eines Hochzeitsfestes zu hören sind.
In der Nacht bescheint der Mond den Reigen der Nymphen. Donnernd jagt der Fluss durch die Johannis-Stromschnellen, an deren Felsen die Wellen in aufschäumender Gischt zerspritzen. Dann strömt er in majestätischer Erhabenheit gen Prag, wo ihn der altehrwürdige Vyšehrad begrüßt. Langsam entschwindet er in weiter Ferne den Blicken des Dichters …“

Die Moldau – Hörübungen

HB 1–8 **AB 3**

Du hörst je zwei Musikbeispiele.

Arbeitsaufträge: 1. Schreibe die passenden Überschriften zu den Bildern.
2. Welche Instrumente erkennst du?
3. Wie klingt die Musik?

A

(HB 3)

1. ....
2. ....
3. ....

(HB 1)

1. ....
2. ....
3. ....

B

(HB 5)

1. ....
2. ....
3. ....

(HB 4)

1. ....
2. ....
3. ....

C

(HB 6)

1. ....
2. ....
3. ....

(HB 8)

1. ....
2. ....
3. ....

Die Moldau – Hörübungen (1) HB 1–7 AB 4

Arbeitsaufträge:
1. Suche zu den Stationen passende Wörter aus und schreibe sie dazu. Findest du noch eigene Wörter?
2. Schneide die Instrumenten-Kärtchen aus und klebe sie in den zugehörigen Rahmen.
3. Klebe **AB 4** und **AB 5** an der gestrichelten Linie zusammen und male das Bild aus.

Quellen

Jagd

Fluss fließt durch die Landschaft

Nymphen

zartes Spiel der Flöten Streicher	Streicher spielen die Melodie	Klarinette Streicher	Querflöte Klarinette Streicher (gezupft)

Die Moldau – Hörübungen (2) **HB 1–7** **AB 5**

Bauernhochzeit

Kleberand

Orchester	Hörner, Trompete, Triangel Streicher spielen das Quellenmotiv	Blechbläser Streicher Piccoloflöte Becken

Die Moldau – Notenbeispiele HB 1–4 AB 6

Du hörst vier Musikbeispiele.

Arbeitsaufträge:

1. Nummeriere die Notenbeispiele in der Reihenfolge des Gehörten.
2. Schreibe die passenden Überschriften dazu.

(HB 1) ....

A ☐

(HB 2) ....

B ☐

(HB 3) ....

C ☐

(HB 4) ....

D ☐

3. Welcher grafische Verlauf passt zu welchem Notenbild? Trage die Buchstaben ein.

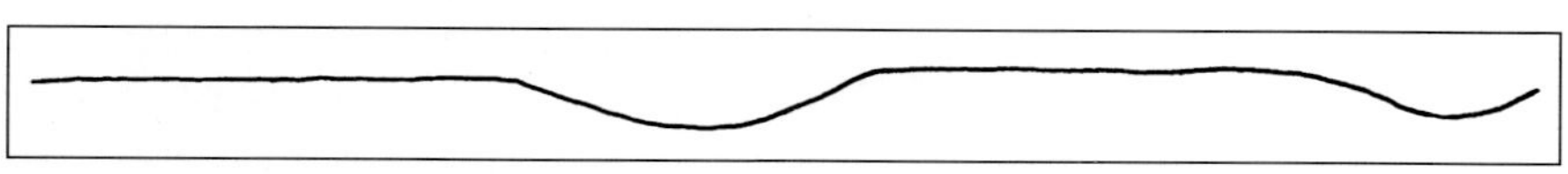

zu ☐

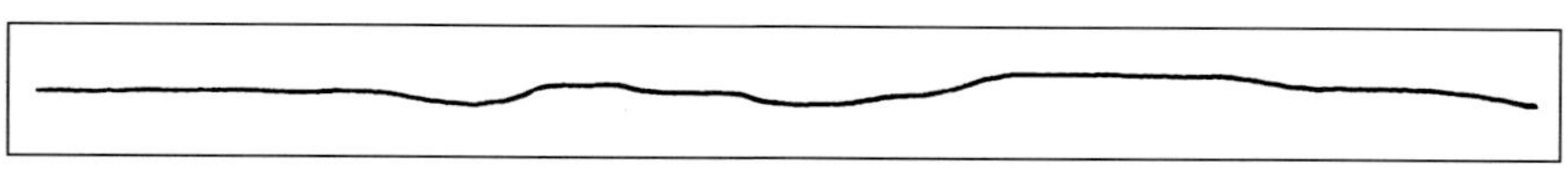

zu ☐

4. Zeichne zu den beiden anderen Beispielen selbst den Melodieverlauf.

zu ☐

zu ☐

Die Moldau – Spielanleitung zum Moldauspiel **AB 7**

Anzahl der Spieler: 2 bis 4

Material: – Spielfeld aus **AB 7** und **AB 8**
– 1 Würfel
– 2 bis 4 verschiedenfarbige Spielfiguren

Jedes Kind erhält eine Spielfigur und stellt sie bei Start auf. Das jüngste Kind beginnt. Es würfelt und geht die entsprechende Anzahl an Feldern vor. Dann kommt das nächste Kind an die Reihe. Gespielt wird im Uhrzeigersinn. Die schwarzen Felder mit den weißen Zahlen sind Ereignisfelder. Wer darauf kommt, liest den entsprechenden Text vor (siehe unten) und führt die Aktion aus.

Wer zuerst das Ziel erreicht hat oder darüber hinauskommt, hat gewonnen.

Ereignisfelder:

1 Am Zusammenfluss von zwei Quellen sollte man etwas verweilen. Du setzt einmal aus.

7 Du läufst die Moldau entlang. Unterwegs verlierst du einen Schuh. Gehe zurück auf Feld 3, um ihn dort zu holen.

14 Eine Jagdgesellschaft reitet an dir vorbei. Du hast Angst vor den Hunden und flüchtest auf einen Baum. Dort wartest du, bis alle deine Mitspieler an dir vorbeigelaufen sind.

20 Auf zum Tanz! Du wirst zu einer Bauernhochzeit eingeladen und tanzt eine Polka mit der Braut. Diese macht dir zum Dank ein Geschenk. Du darfst noch einmal würfeln.

30 Es wird Abend. Du bist so begeistert vom Tanz der Nymphen, dass du dieses Spiel etwas länger genießt. Setze zwei Runden aus!

40 Am nächsten Morgen bist du mit einem Boot unterwegs. Urplötzlich tauchen Stromschnellen vor dir auf. Du kämpft dich in rasender Geschwindigkeit durch. Rücke auf Feld 50 vor.

48 Von weitem siehst du die Burg. Deine Neugierde auf das Zusammentreffen mit den Rittern und sogar dem Herzog ist riesig. Auf der Burg angelangt, stellst du ihnen so viele Fragen, dass du die Zeit vergisst. Setze 1-mal aus.

53 Du freust dich schon auf eine Besichtigung der Stadt Prag, die du nun redlich verdient hast. Rücke vor bis ins Ziel.

Die Moldau – Moldauspiel **HB 1–8** **AB 8/9**

Arbeitsaufträge:
1. Schneide die einzelnen Bilder aus und klebe sie in der richtigen Reihenfolge aneinander.
2. Trage in die Spielfelder die Zahlen 1 bis 60 ein.
3. Schreibe die Bildtitel auf die Leerzeilen.

Bildtitel:

- Jagd
- Nymphenreigen
- Quellen
- Der Fluss fließt durch die Landschaft
- Die Burg
- Der Fluss entschwindet
- Bauernhochzeit
- Stromschnellen

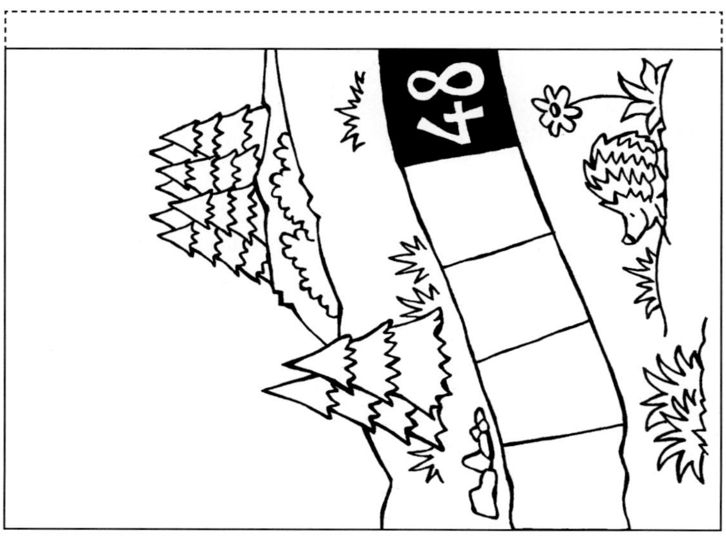

1
7

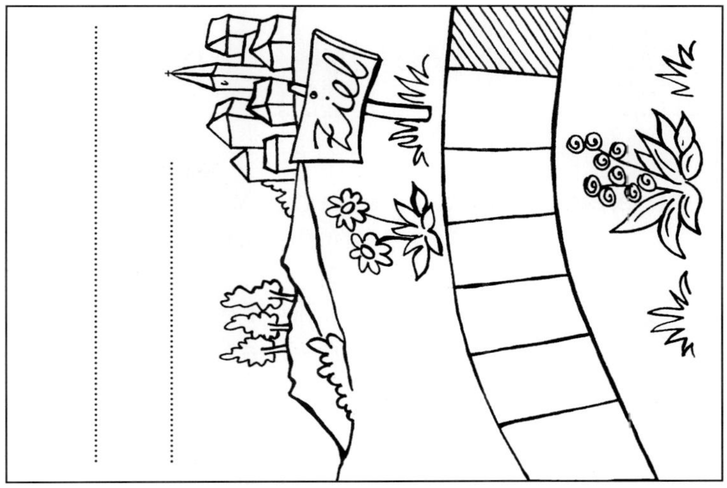
Ziel

53

14

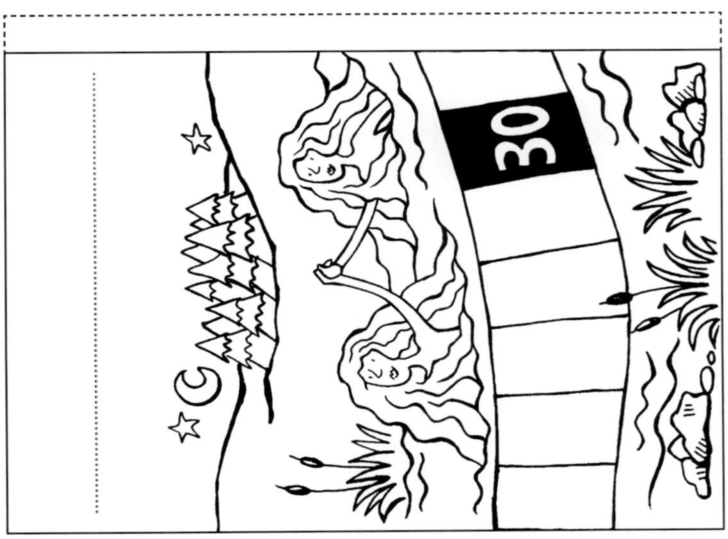
30

Die Moldau – Textübung **AB 10**

Arbeitsauftrag: Schneide die Abschnitte aus und setze sie anhand der folgenden Überschriften in der richtigen Reihenfolge untereinander.

Die Quellen – Der Fluss fließt durch die Landschaft – Die Jagd – Die Bauernhochzeit – Der Nymphenreigen – Die Stromschnellen – Die Burg – Der Fluss entschwindet

---

A Und das war so: Natürlich wollte ich, wie auch du, größer werden. Das gelang mir durch einen schnellen Abstieg ins Tal. Ich wurde breiter und – wie das so ist – auch gemächlicher, also war ich erwachsen. Was ich da alles so sah! An meine Seiten schmiegten sich saftgrüne Wiesen, gelegentlich erblickte ich in einigem Abstand ein paar Gehöfte und immer wieder Büsche und Bäume. Die Tiere nahmen ganz in meiner Nähe ihr tägliches Mahl ein. Manchmal kam auch eines an mein Ufer und schlürfte friedlich von meinem Wasser.

B Doch weiter ging meine Reise – bis sie irgendwann im unendlichen Meer endete. Aber ich komme wieder. Mit den Wolken, die sich über den böhmischen Wäldern ausregnen, speise ich die lustigen kleinen Quellchen und meine Geschichte beginnt von vorne.

C Am nächsten Morgen wurde ich ziemlich unsanft aus dem Schlaf gerissen. Immer schneller zog es mich an zwei sich links und rechts auftürmende Felsgestalten heran. Meine Wassermassen brachen sich an deren Wänden und Zacken, dass es nur so schäumte und spritzte. Bis sich plötzlich ein riesiger Schlund auftat, der steil nach unten führte. So stürzte ich mich wohl oder übel in die Tiefe. Unter tosendem Donner schlug ich mit ungeheurer Wucht unten auf.

D Im Schatten der böhmischen Wälder bin ich geboren, aus zwei Quellen, deren Wasser in munteren Bächlein über die Steine hüpft und dabei unzählige von Tröpfchen verspritzt. In der Morgensonne glitzern und strahlen diese wie tausende von Diamanten. Da siehst du, wie edel meine Eltern waren. Irgendwo haben sie sich dann zusammengefunden und ich erblickte in diesem Augenblick das Licht der Welt zur Freude vieler Menschen. Unter ihnen war schon vor über hundert Jahren auch Herr Smetana, der meine Lebensgeschichte mit vielen Erlebnissen musikalisch wunderschön erzählt hat.

E Ich bewegte mich langsam weiter und allmählich dämmerte es. Der Mond sandte sein mattes Licht auf meine sich kräuselnde Oberfläche. Aber was war das? Was sah ich da? Viele zierliche, fast durchsichtige Gestalten schwebten über meinen Wellen. Das konnte nur der Reigen der Wald- und Wassernymphen sein! Sogar ein paar Mücken tanzten noch mit. Meine Augen wurden immer müder, sodass alles vor mir in einem dichten Nebel verschwamm.

F Dann, von einem Augenblick zum andren, wieder Stille. In aller Ruhe setzte ich meinen Weg fort. Unweit von Prag erkannte ich die alte Burgruine auf dem Felsen Vyšehrad (sprich: Wischerad), die selbst eine bewegte Geschichte hat. Beherbergte sie doch in ihrer ruhmreichen Vergangenheit Könige, Herzöge und eine Heerschar von Rittern.

G Ich floss weiter. Bald hörte ich in der Ferne lustige Klänge und beim Näherkommen sah ich eine fröhliche Gesellschaft bei einer Bauernhochzeit. Einige junge Burschen schnappten sich den Bräutigam und einer rief: „Werft ihn in die Moldau!“ War das ein Riesenplatsch, denn der junge Mann war nicht gerade so dünn wie ein Streichholz. Fast wäre ich noch über meinen Bettrand geschwappt.

H Doch plötzlich war es mit der Ruhe vorbei. Jagdhörner ertönten. Die Tiere flohen vor lauter Angst in rasender Geschwindigkeit von dannen. Eine Treibjagd hatte begonnen, wobei die Treiber das Wild umzingelten und immer engere Kreise zogen. Dann kam die Stunde der Jäger.

Die Moldau – Lesetext HB 1–7 AB 11

Die Moldau erzählt ...

Im Schatten der böhmischen Wälder bin ich geboren, aus zwei Quellen, deren Wasser in munteren Bächlein über die Steine hüpft und dabei unzählige von Tröpfchen verspritzt. In der Morgensonne glitzern und strahlen diese wie tausende von Diamanten. Da siehst du, wie edel meine Eltern waren (*1a/1b*, **HB 1**)*.
Irgendwo haben sie sich dann zusammengefunden und ich erblickte in diesem Augenblick das Licht der Welt zur Freude vieler Menschen. Unter ihnen war schon vor über hundert Jahren auch Herr Smetana, der meine Lebensgeschichte mit vielen Erlebnissen musikalisch wunderschön erzählt hat (*2*, **HB 1**).

Und das war so: Natürlich wollte ich, wie auch du, größer werden. Das gelang mir durch einen schnellen Abstieg ins Tal. Ich wurde breiter und – wie das so ist – auch gemächlicher, also war ich erwachsen. Was ich da alles so sah! An meine Seiten schmiegten sich saftgrüne Wiesen, gelegentlich erblickte ich in einigem Abstand ein paar Gehöfte und immer wieder Büsche und Bäume. Die Tiere nahmen ganz in meiner Nähe ihr tägliches Mahl ein. Manchmal kam auch eines an mein Ufer und schlürfte friedlich von meinem Wasser (*3*, **HB 2**).

Doch plötzlich war es mit der Ruhe vorbei. Jagdhörner ertönten. Die Tiere flohen vor lauter Angst in rasender Geschwindigkeit von dannen. Eine Treibjagd hatte begonnen, wobei die Treiber das Wild umzingelten und immer engere Kreise zogen. Dann kam die Stunde der Jäger (*4*, **HB 3**).

Ich floss weiter. Bald hörte ich in der Ferne lustige Klänge und beim Näherkommen sah ich eine fröhliche Gesellschaft bei einer Bauernhochzeit. Einige junge Burschen schnappten sich den Bräutigam und einer rief: „Werft ihn in die Moldau!“ War das ein Riesenplatsch, denn der junge Mann war nicht gerade so dünn wie ein Streichholz. Fast wäre ich noch über meinen Bettrand geschwappt (*5*, **HB 4**).

Ich bewegte mich langsam weiter und allmählich dämmerte es. Der Mond sandte sein mattes Licht auf meine sich kräuselnde Oberfläche. Aber was war das? Was sah ich da? Viele zierliche, fast durchsichtige Gestalten schwebten über meinen Wellen. Das konnte nur der Reigen der Wald- und Wassernymphen sein! Sogar ein paar Mücken tanzten noch mit. Meine Augen wurden immer müder, sodass alles vor mir in einem dichten Nebel verschwamm (*6*, **HB 5**).

Am nächsten Morgen wurde ich ziemlich unsanft aus dem Schlaf gerissen. Immer schneller zog es mich an zwei sich links und rechts auftürmende Felsgestalten heran. Meine Wassermassen brachen sich an deren Wänden und Zacken, dass es nur so schäumte und spritzte. Bis sich plötzlich ein riesiger Schlund auftat, der steil nach unten führte. So stürzte ich mich wohl oder übel in die Tiefe. Unter tosendem Donner schlug ich mit ungeheurer Wucht unten auf (*7*, **HB 6**).

Dann, von einem Augenblick zum andren, wieder Stille. In aller Ruhe setzte ich meinen Weg fort (*3*, **HB 2**). Unweit von Prag erkannte ich die alte Burgruine auf dem Felsen Vyšehrad (sprich: Wischerad), die selbst eine bewegte Geschichte hat. Beherbergte sie doch in ihrer ruhmreichen Vergangenheit Könige, Herzöge und eine Heerschar von Rittern (*8*, **HB 7**).

Doch weiter ging meine Reise – bis sie irgendwann im unendlichen Meer endete. Aber ich komme wieder. Mit den Wolken, die sich über den böhmischen Wäldern ausregnen, speise ich die lustigen kleinen Quellchen und meine Geschichte beginnt von vorne (*1 a/b–2*, **HB 1**).

* In Klammern stehen jeweils die Spielmotive zum Lesetext (siehe **AB 12/13**) und die entsprechenden Hörbeispiele.

Die Moldau – Spielmotive zum Lesetext

AB 12

Quelle 1 (1a)

Quelle 2 (1b)

(3) siehe Moldau-Thema **AB 13.**

Treibjagd (4)

Bauernhochzeit (5)

Nymphenreigen (6) – Improvisation zum Ostinato mit den Tönen der C-Dur-Pentatonik

Tipp: Lassen Sie die Schüler/innen kurze (maximal 2-taktige Motive) im ständigen Wechsel spielen. Zeitweise können auch zwei bis drei Schüler/innen mit verschiedenen Motiven gleichzeitig improvisieren. Begleitung ad libitum mit Triangel, Schellenkranz, Rasseln u. Ä.

Stromschnellen

1. Moldau-Thema (siehe **AB 13**)
2. Alle Melodie-Instrumente unisono „Stromschnellenmotiv“
3. Wiederholung Moldau-Thema

Stromschnellenmotiv (7)

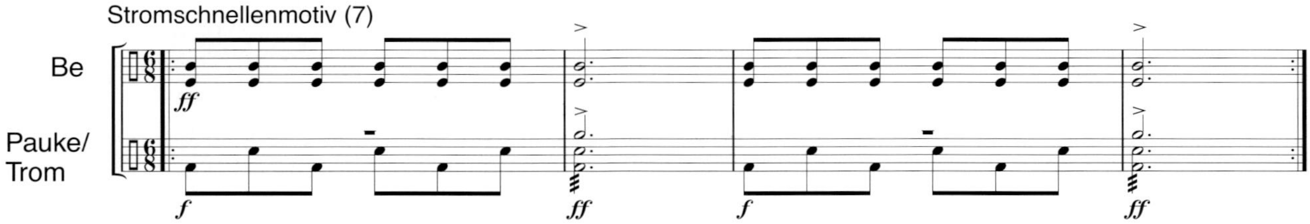

Burg (8) langsam, majestätisch

Der Fluss entschwindet in der Ferne (3): Siehe Moldau-Thema **AB 13** (leiser werdend).

Die Moldau – Spielsatz zum „Moldau-Thema“ AB 13

Anmerkungen:

– Alle Stimmen können auch von Keyboard oder klassischen Instrumenten unterstützt werden (Stimme 1: Violine, Stimme 2: Violine oder Cello, Stimme 3–4: Klavier).

– Stimme 3 kann auch zusätzlich in Quintenbegleitung gespielt werden: 

– Triangelbegleitung: 

– Bei der Stimme 3 wurden die Akkorde bewusst in der Grundlage eingesetzt (leichte Spielweise, Vermittlung von Harmonielehre). Gute Klavierschüler können selbstverständlich die Umkehrungen benutzen.

* Ist kein „dis“ vorhanden, kann auch „h“ gespielt werden.

Lebenslauf

Gustav Mahler

Gustav Mahler

Als zweites von insgesamt 12 Kindern der Familie Mahler kam Gustav im Jahre 1860 zur Welt.
Schon im Alter von vier Jahren spielte er Klavier und komponierte kleine Stücke. Seinen ersten öffentlichen Auftritt hatte er im Jahre 1870. Mit fünfzehn besuchte er für drei Jahre das Konservatorium in Wien und war gleichzeitig externer Schüler am Gymnasium in Iglau. Seinen Lebensunterhalt verdiente er mit dem Erteilen von Klavierunterricht. Ab 1881 war er zunächst in Laibach, Olmütz und Kassel als Kapellmeister am Theater tätig. Mit den Aufgaben dort, alles Mögliche zu dirigieren, fühlte er sich nicht sehr wohl. Erst als Mahler 1885 nach Prag kam und Wagner- und Mozart-Opern dirigierte, konnte er seine wahren Fähigkeiten zeigen und kam so zu einiger Berühmtheit. Anschließend (1886) ging er nach Leipzig, einer Stadt mit damals immerhin 400.000 Einwohnern. Mittlerweile war Mahler aber auch über die Grenzen hinaus bekannt und so bekam er Angebote der Opernhäuser in Hamburg, Karlsruhe, Prag und New York. In dieser Situation schrieb er einmal: „Nun steht der Esel zwischen vier Heubündeln. Was soll ich tun?“
Im Alter von 28 Jahren kam der große Sprung: Mahler wurde Operndirektor in Budapest, drei Jahre später in Hamburg und 1897 in Wien an der Hofoper, wo er zehn Jahre seines Lebens verbrachte.

Anfeindungen erlebte Mahler von den Wiener Kritikern immer wieder aufgrund seiner jüdischen Herkunft. So zog er es vor, im Jahre 1907 noch einmal „über den großen Teich“ nach Amerika zu gehen, um an der Metropolitan Opera in New York, einem der auch heute noch berühmtesten Opernhäuser der Welt, als Dirigent tätig zu werden.
Es ist seltsam, Mahler hat zeitlebens fast alle bekannten Opern dirigiert und einstudiert, doch er hat nie eine eigene geschrieben.
In Amerika bekam er 1909 die Gelegenheit, ein eigenes Orchester zu betreuen, das New York Philharmonic Orchestra. Doch das währte nicht lange, denn eine schwere Herzkrankheit zwang ihn, nach Europa zurückzukehren, wo er am 18. Mai 1911, ein paar Wochen vor seinem 51. Geburtstag, starb.

Sein Lebenswerk umfasste zehn Sinfonien (die 10. hat er nicht vollendet) und das sinfonische Werk „Das Lied von der Erde“. Die achte Sinfonie nennt man auch „Sinfonie der Tausend“, deren Uraufführung (1910) mit 8 Solosängern, 170 Orchestermusikern und 850 (!) Chorsängern in München stattfand.

Weitere Werke sind die Liederkreise „Lieder eines fahrenden Gesellen“, „Des Knaben Wunderhorn“, „Kindertotenlieder“ und „Sieben Lieder aus letzter Zeit“, die alle für Orchesterbegleitung komponiert sind. Außerdem komponierte Mahler einige Lieder mit Klavierbegleitung, unter anderem den Titel „Um schlimme Kinder artig zu machen“.

Bemerkungen zur 1. Sinfonie („Titan“) – 3. Satz

Gustav Mahler komponierte seine 1. Sinfonie (D-Dur) in den Jahren 1884–1888. Ihre Uraufführung fand 1889 in Budapest statt (als er dort Operndirektor war).
Sie hatte zunächst fünf Sätze und der Komponist bezeichnete sie als „Symphonische Dichtung in zwei Teilen“. In Anlehnung an den Roman von Jean Paul (alias Johann Paul Friedrich Richter) gab er ihr den Titel „Titan“.

Die ursprünglichen Satzüberschriften lauteten:

1. Frühling und kein Ende
2. Blumine (oder „Blumenstück“)
3. Mit vollen Segeln (Scherzo)
4. Gestrandet! (Totenmarsch in „Callots Manier“)
5. Dall` Inferno al Paradiso

Diese textlichen, für den Rezipienten als hilfreich gedachten Hinweise zu einer programmatischen Assoziation strich Mahler allerdings später wieder, um falschen Auslegungen vorzubeugen. Das erinnert an Beethoven, der zu seiner „Pastorale“ vermerkte: „Mehr Ausdruck der Empfindung als Malerey“.

Gustav Mahler sprengte als einer der Ersten die klassischen Formschemata. Seine 2. Sinfonie umfasste fünf Sätze, die 3. sechs und die 8. zwei. Allein darauf bezogen waren also keine „angestammten“ Formprinzipien erkennbar. Auch im Hinblick auf die Erstellung von Themen und deren traditionelle Verarbeitung unterschied er sich von seinen Vorläufern.
Er selbst beschrieb das so: „Symphonie heißt mir eben: mit allen Mitteln der vorhandenen Technik eine Welt aufbauen“.

Der Hintergrund mag die von Brüchigkeit und Dekadenz geprägte Gesellschaft seiner Zeit in einem Vielvölkerstaat gewesen sein. Aber ein Zweites kam hinzu. Empfindungen und Erfahrungen ließen ihn zu neuen Ufern aufbrechen, um der Welt zumindest ein neues musikalisches Gesicht zu geben. Dazu benutzte er viele bislang nicht verwendete Mittel, z. B. Vogelstimmen, Tierrufe (sogar die Kuhglocke baute er ein). Melodien von Straßenmusikern, die Fanfaren der Militärmusik, Walzer, Märsche oder Anlehnungen an Volks- und andere Lieder verarbeitete er, weshalb man ihn der Banalität bezichtigte.

Die Stilmittel und die Formensprache Mahlers zogen den Spott der Kritiker auf sich. So konnte es nicht ausbleiben, dass die Zeitgenossen den Werken mit Unverständnis begegneten.

Aber auch der Komponist selbst begegnete den Zuhörern mit einer gewissen Ironie. Wie hier in der 1. Sinfonie. Die „korrigierten“ Sätze:

1. Langsam schleppend. Immer sehr gemächlich.
2. Kräftig bewegt, doch nicht zu schnell.
3. Feierlich und gemessen, ohne zu schleppen.
4. Stürmisch bewegt.

Der von uns als Hörausschnitt gewählte 3. Satz ist sicher eines der ersten Beispiele für eine gewisse Parodie in der klassischen Musik: eingangs die Bruder-Jakob-Melodie, jedoch nach d-Moll gewendet, als Trauermarsch.

Mahler wurde dazu offenbar durch einen Stich des französischen Zeichners Callot mit dem Titel „Des Jägers Leichenbegräbnis“ angeregt. Der Jäger wird zu Grabe getragen und die Tiere des Waldes bilden den Trauerzug: Vorneweg eine Blaskapelle, die begleitet wird von musizierenden Katzen, Krähen, Rehwild, Fuchs und allem, was da kreucht und fleucht. Welch eine Verkehrung der Wirklichkeit!

In den Mittelteil streut er eine Jahrmarktsblasmusik, erinnert aber auch an das letzte der „Lieder eines fahrenden Gesellen“ und führt dann wieder zum Ausgangskanon zurück. Selbst an diesem kleinen Hörbeispiel zeigt sich nahezu der ganze Mahler: Einbeziehung des Trivialen, der Tonartenwechsel, seine Liebe zum Lied, die Sprengung überlieferter Formen und die Behandlung des Sinfonieorchesters, trotz z. T. sehr großer Besetzungen, in kammermusikalischer Weise. Nur selten lässt er das Orchester „tutti“ spielen, fast immer sind es einzelne Gruppen oder Singstimmen, die miteinander „ins Gespräch kommen“.

Erst spät gewürdigt, hat Mahler eine in diesem Sinne zukunftsweisende musikalische Welt aufgebaut, mit der zu Beginn des 20. Jahrhunderts ein radikaler Wandel (Aufhebung der Tonalität) eingeleitet wurde.

Unterrichtshinweise zur „1. Sinfonie“ (3. Satz)

1. Ziele und Inhalte

Hörbeispiel

HB: 9

- das Leben Gustav Mahlers kennen lernen
- das Lied „Bruder Jakob“ anhand des Melodieverlaufes erarbeiten
- die Stimmung der Musik anhand eines Bildes beschreiben
- Unterschiede zwischen „Bruder Jakob“ und der „1. Sinfonie“ feststellen
- die Musik mit passenden Adjektiven beschreiben
- die nacheinander einsetzenden Instrumente erkennen
- aus einzelnen Takten die Melodie zusammensetzen
- einen Mitspielsatz zur „1. Sinfonie“ erarbeiten
- Dur-Moll-Parallele kennen lernen
- Test: Gustav Mahler

---

2. Arbeitsvorschläge

• Motivation

Hörbeispiel 9 vorspielen und Überlegungen dazu anstellen.

• Erarbeitung

AB 1: Der Lebenslauf von Gustav Mahler wird gelesen und der Lückentext von den Schüler/innen entsprechend ausgefüllt.

AB 2–4: Das Lied „Bruder Jakob“ (**AB 2**) wird in mehreren Sprachen gesungen und der Melodieverlauf bestimmt. Grafische Notation und Notenbild werden zugeordnet und in der richtigen Reihenfolge aufgeklebt (**AB 3 + 4**). Der deutsche Text wird darunter geschrieben. Die Melodie wird mit Instrumenten nachgespielt.

AB 5: Musik hören und anhand des Bildes Überlegungen anstellen, was Mahler mit seiner Musik ausdrücken wollte.
Eine Überschrift zum Bild wird gemeinsam erarbeitet (im Original: „Des Jägers Leichenbegräbnis“). Herausarbeiten, dass die einsetzende Oboe (Takt 19) erkennen lässt, das es Tiere gibt, die gar nicht so traurig sind (siehe Hase in Bildmitte).

AB 6: Die Schüler/innen hören die Musik (**HB 9**) und suchen die passenden Adjektive heraus. Sie stellen Unterschiede zwischen „Bruder Jakob“ und der „1. Sinfonie“ fest.

AB 7: Anhand der Partitur wird der Einsatz der nacheinander einsetzenden Instrumente bestimmt.

AB 8: Da die Kinder mit dem Heraushören der Instrumente nun schon vertrauter sind, kann dieses Arbeitsblatt ohne größere Schwierigkeiten bearbeitet werden.

AB 9: Die Schüler/innen schneiden die Notenkärtchen aus, spielen die angegebenen Noten auf Instrumenten und legen sie in der richtigen Reihenfolge aneinander.

AB 10/11: Anzuraten wäre, den Spielsatz auf mehrere Stunden zu verteilen. Sicher können die Bass- und die Rhythmusbegleitung schon zu Beginn der Unterrichtseinheit gespielt werden.

Spielsatz „Bruder Jakob“:

Ungeübte Schüler/innen, die nicht die vollständige Melodie spielen können, spielen nur das Ostinato f – c – f.

Mitspielsatz „1. Sinfonie“:

Sicherlich sind einige „musikalische“ Schüler/innen sofort in der Lage, die Melodie auch vom Anfangston „d“ aus zu spielen. Dabei sollte darauf hingewiesen werden, dass keine neuen Vorzeichen verwendet werden. Die Schüler/innen erkennen so, dass sich der Melodie-Charakter von Dur nach Moll ändert.

Wird die variierte Melodie in d-Moll von allen Schüler/innen sicher beherrscht, kann zur Originalpartitur bzw. Originalaufnahme gespielt werden. Der Einsatz der einzelnen Instrumente wurde bereits erarbeitet (**AB 7**). Es hat sich in der Praxis gezeigt, dass die Schüler/innen diese Melodie sehr schnell auswendig spielen können. Ein gleichzeitiges Mitverfolgen einer für sie unübersichtlichen Partitur würde sie in ihrer Konzentration nur behindern. Da es nur auf den Einsatz im richtigen Takt ankommt, genügt hier eine grafische Partitur (**AB 11**).
Es werden acht Instrumentalgruppen benötigt.
Ungeübte Schüler/innen spielen nur das Ostinato d – a – d – a.

Tipp: Den Einsatz der Instrumente farbig einzeichnen.

AB 12: Je nach Leistungsstand der Klasse kann anhand von „Bruder Jakob“ (F-Dur) und der „1. Sinfonie“ (d-Moll) auf die Dur-Tonarten und die parallelen Moll-Tonarten kurz eingegangen werden.

Gustav Mahler – Lückentext zum Lebenslauf **AB 1**

Gustav Mahler wurde 1860 geboren. Er hatte noch ____ Geschwister.

Klavier spielte er bereits mit ___ Jahren und komponierte auch schon. 1875 besuchte er das ____________________ in Wien und ging zugleich auf das ______________.

Um leben zu können, gab er ___________________________.

In Laibach, Olmütz und Kassel war er als ____________________ tätig. Die Arbeit gefiel ihm nicht. Anschließend ging er nach Prag und wurde dort berühmt, da er bekannte ______________ dirigierte. Einmal schrieb er: „Nun steht der Esel zwischen vier Heubündeln. Was soll ich tun?“ Er hatte nämlich gleichzeitig Angebote von Opernhäusern in __________, ______________, ______ und ___________. Der große Sprung kam als er ___________________ in Budapest wurde. Später ging er nach Wien an die Hofoper. Dort hatte er es nicht leicht, da er _________________ Herkunft war.

So ging er nach __________ und wurde Dirigent an einem der bis heute berühmtesten Opernhäuser der Welt, der _____________________ _____.

Dennoch hat er Zeit seines Lebens keine einzige _______ geschrieben. Eine schwere ______________________ zwang ihn, nach Europa zurückzukehren, wo er _____ im Alter von 50 Jahren starb.

Eine seiner Sinfonien nannte man die ________________________, weil _______ Mitwirkende an der Uraufführung teilnahmen. Neben seinen Sinfonien komponierte er auch viele Lieder, die in Sammlungen zusammengefasst wurden. Einer dieser so genannten Liederkreise heißt: ____.

Bruder Jakob

Frère Jacques, frère Jaques, dormez-vouz? Dormez-vouz?
Sonnez les matines, sonnez les matines,
ding, dang, dong, ding, dang, dong.

Are your sleeping? Are your sleeping? Brother John, brother John,
morning bells are ringing, morning bells are ringing,
ding, dang, dong, ding, dang, dong.

1. Sinfonie – Liederarbeitung (1)

AB 3

Arbeitsaufträge:

1. Singt das Lied „Bruder Jakob“ und zeigt mit den Händen den Melodieverlauf (aufwärts/abwärts).

2. Schneide die Bildkärtchen aus und bringe sie in die richtige Reihenfolge.

3. Schneide die Notenkärtchen aus und bringe sie in die richtige Reihenfolge.

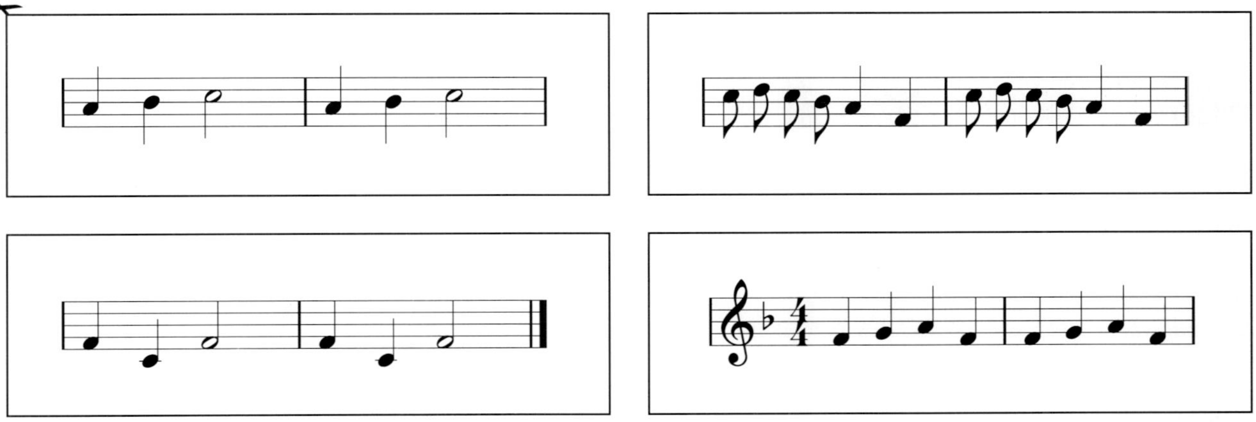

4. Klebe die Kärtchen auf das **AB 4** und schreibe den Liedtext dazu.

5. Spielt das Lied auf Stabspielen (auf 4 Gruppen verteilt).

Bordun (Dauerbass)*:

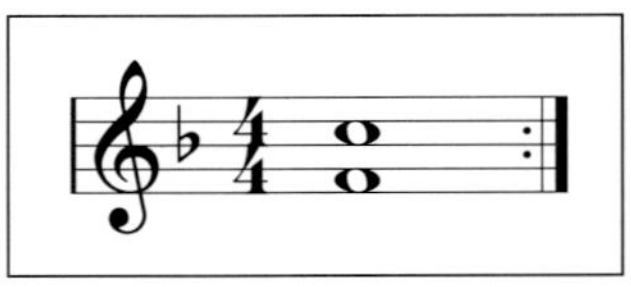

* Den Bordun spielt ihr am besten auf einem Metallofon.

1. Sinfonie – Liederarbeitung (2) AB 4

Bilder:

Noten:

Text: ....

Text: ....

Bilder:

Noten:

Text: ....

Text: ....

Arbeitsauftrag: Höre dir die Musik an und betrachte das Bild dazu.
Was drückt Gustav Mahler mit seiner Musik aus?
Gib dem Bild eine Überschrift.
Welches Tier könnte mit der Oboe gemeint sein?

1. Sinfonie – Musikanalyse I

HB 9 **AB 6**

Arbeitsaufträge:

1. Du hörst das Musikbeispiel aus der 1. Sinfonie von Gustav Mahler.
   Wie klingt die Musik? Markiere die passenden Wörter.

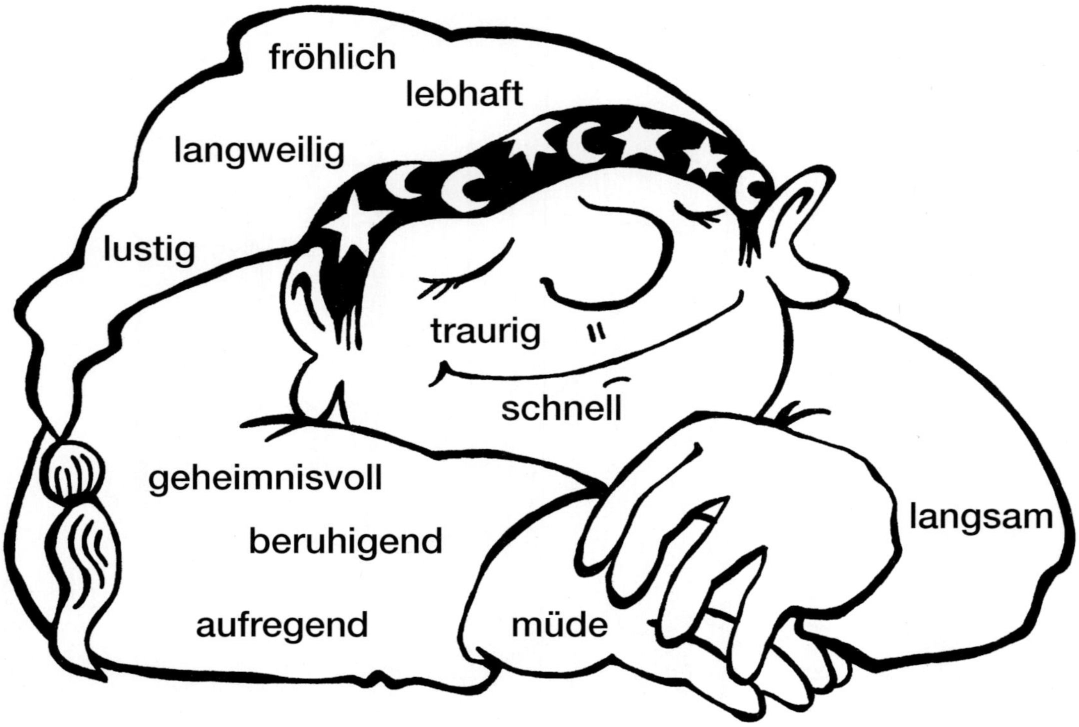

2. Vergleiche die beiden unten stehenden Notenzeilen.
   Suche die Unterschiede und schreibe sie in Stichpunkten auf.

„Bruder Jakob“ (Kanon aus Frankreich)

A 

1. Sinfonie von Gustav Mahler

B 

	A	B
Notenwerte:		
tiefer/höher:		

1. Sinfonie – Musikanalyse II

HB 9 **AB 7**

Arbeitsaufträge:

1. Verfolge beim Hören der Musik den Einsatz der einzelnen Instrumente.
   Notiere, bei welchem Takt die einzelnen Instrumente einsetzen.

   Pauke: Takt _____ Cello: Takt _____ Klarinette: Takt _____

   Kontrabass: Takt _____ Tuba: Takt _____ Oboe/Bratsche: Takt _____

   Fagott: Takt _____

2. Markiere mit verschiedenen Farben den Melodie-Einsatz der einzelnen Instrumente.

1. Sinfonie – Instrumente erkennen **HB 9** **AB 8**

Arbeitsauftrag:

Höre dir den Ausschnitt aus der 1. Sinfonie von Gustav Mahler an.
Welche Instrumente setzen nacheinander ein?
Schneide die Instrumentenkärtchen aus und ordne sie in der Reihenfolge des Gehörten.

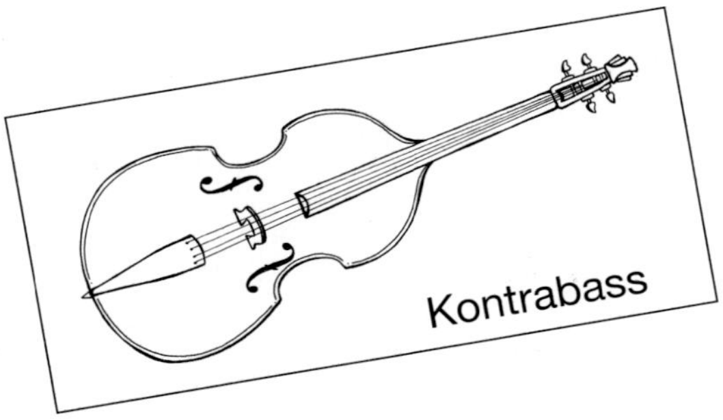

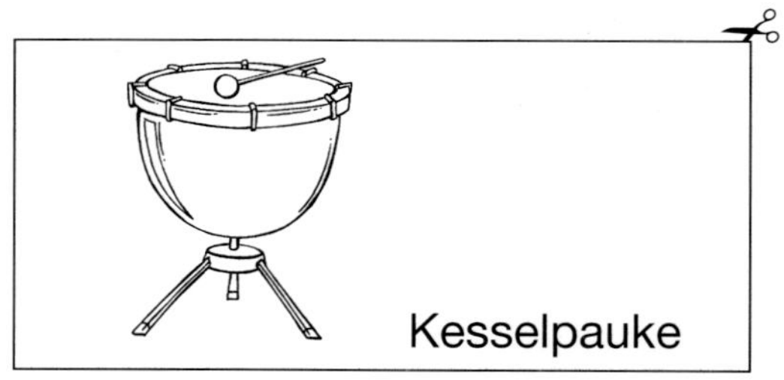

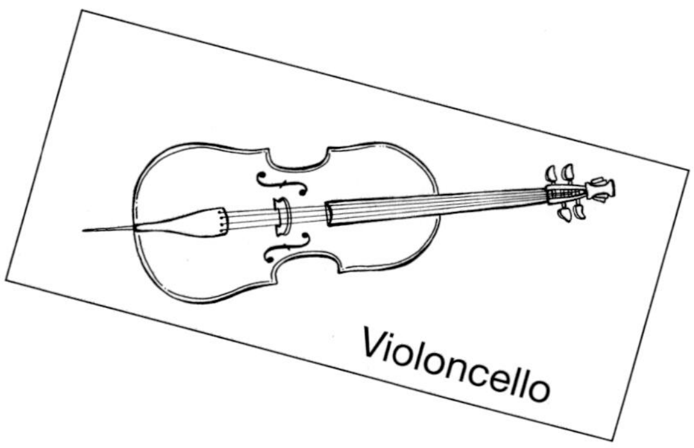

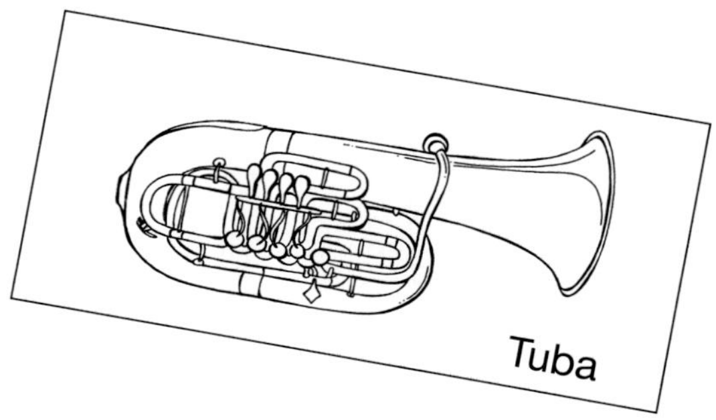

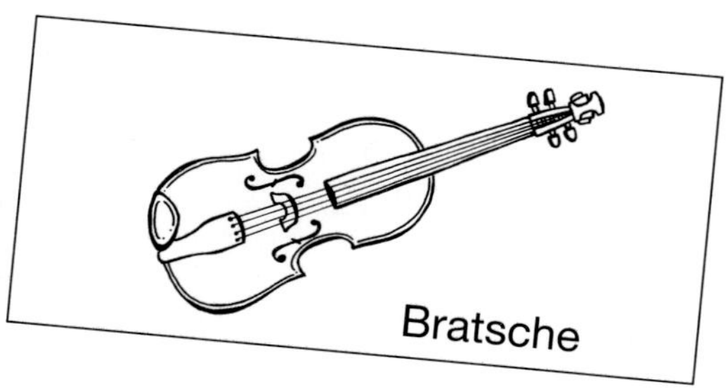

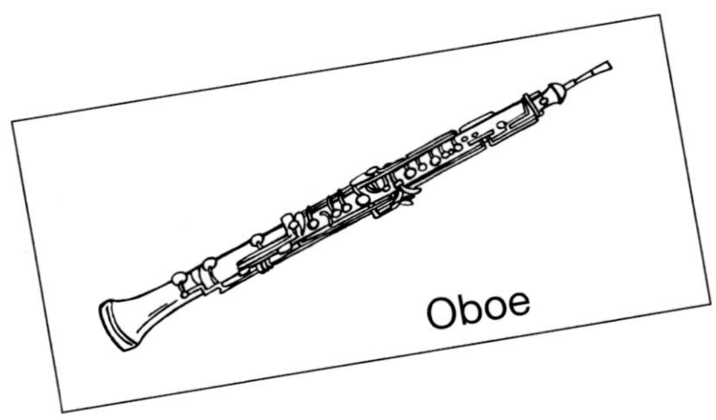

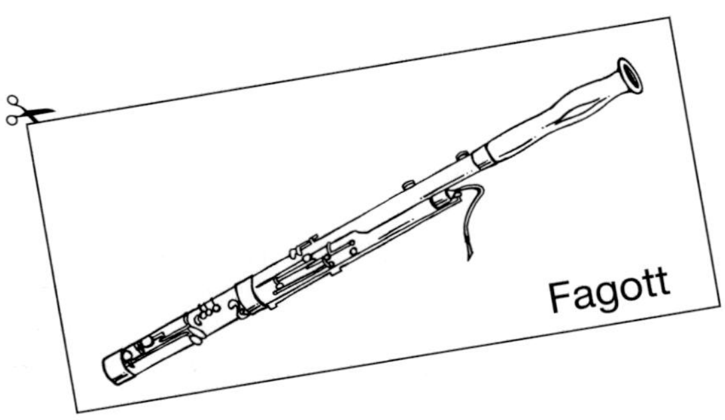

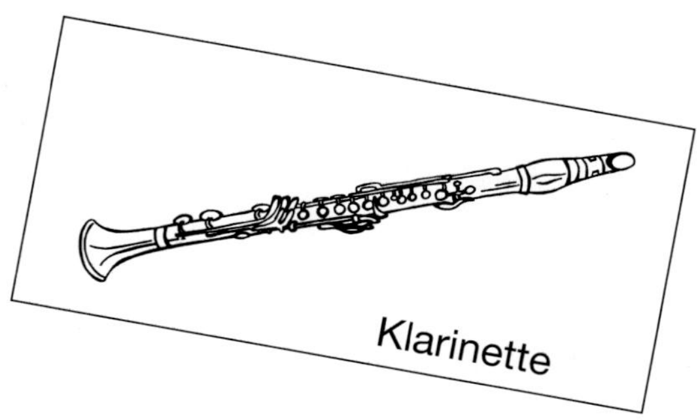

1. Sinfonie – Melodiepuzzle

AB 9

Arbeitsauftrag:

Spiele die einzelnen Takte. Schneide sie aus und klebe sie in der richtigen Reihenfolge auf.

1. Sinfonie – Instrumentalbegleitungen HB 9 AB 10

Erarbeitung Spielsatz „Bruder Jakob“

Arbeitsaufträge:

1. Übt jeden Melodieabschnitt (1, 2, 3 und 4) einzeln ein.
2. Teilt euch in 4 Gruppen ein und spielt die Melodieabschnitte im Wechsel bis alles „sitzt“.
3. Spielt die Melodie im Kanon.
4. Spielt und singt sie im Kanon mit 4 Instrumental- und 4 Gesangsgruppen.

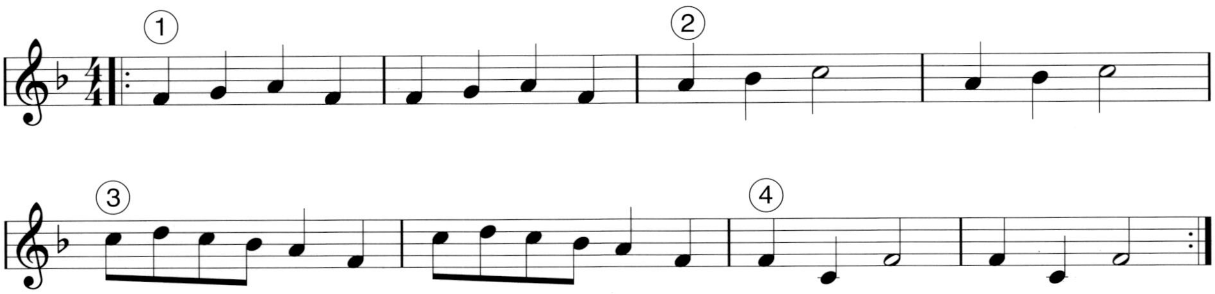

Erarbeitung Mitspielsatz „1. Sinfonie“

Arbeitsaufträge:

1. Übt diesen Spielsatz in den gleichen Schritten (1. – 3.) wie das Lied „Bruder Jakob“ ein.
2. Bildet 8 Instrumentalgruppen, die beliebig entsprechend dem vorhandenen Instrumentarium eingesetzt werden können.
3. Anhand der Grafik (**AB 11**) könnt ihr nun das Hörbeispiel begleiten.
   Achtung: Die Stimme „B“ (Oboe/Glockenspiel) setzt erst in Takt 19 ein und wird ab Takt 29 wiederholt (mitzählen!).

A

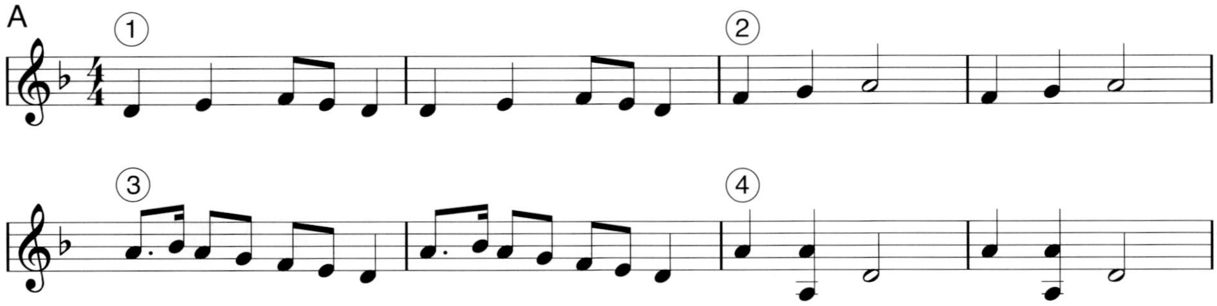

B

1. Sinfonie – Einsatzübersicht zur Mitspielpartitur

HB 9 **AB 11**

1	2	3	4	5	6	7	8	9	10	11	12	13	14	15	16	17	18	19	20	21	22	23	24	25	26	27	28	29	30	31	32	33	34	35	36
																		19 Oboe (Glockenspiel) (B)										29 Oboe (Glockenspiel) (B)							
																17 Klarinette (Xylofon)																			
								9 Fagott (Bassxylofon)																											
														15 Tuba (Bassmetallofon)																					
1 Pauke (Trommel)																																			
																		19 Bratsche (Metallofon)																	
										11 Cello (Altglockenspiel)																									
		3 Kontrabass (Altmetallofon)																																	
1	2	3	4	5	6	7	8	9	10	11	12	13	14	15	16	17	18	19	20	21	22	23	24	25	26	27	28	29	30	31	32	33	34	35	36

1. Sinfonie – Dur-Moll-Parallele **HB 9** **AB 12**

Höre dir das Musikbeispiel (**HB 9**) an. Wie klingt die Musik? Vergleiche sie mit dem Lied „Bruder Jakob".
Das Beispiel aus der 1. Sinfonie steht in Moll – das Lied „Bruder Jakob" steht in Dur.

Arbeitsaufträge:

1. Wie klingt **HB 9** im Gegensatz zu „Bruder Jakob"?
   Umfahre passende Bilder und Adjektive (**HB 9** = blau; „Bruder Jakob" = gelb)!

In allen Dur-Tonarten liegen zwischen dem 3. und 4. sowie dem 7. und 8. Ton der Tonleiter Halbtonschritte.

Beispiel: C-Dur-Tonleiter

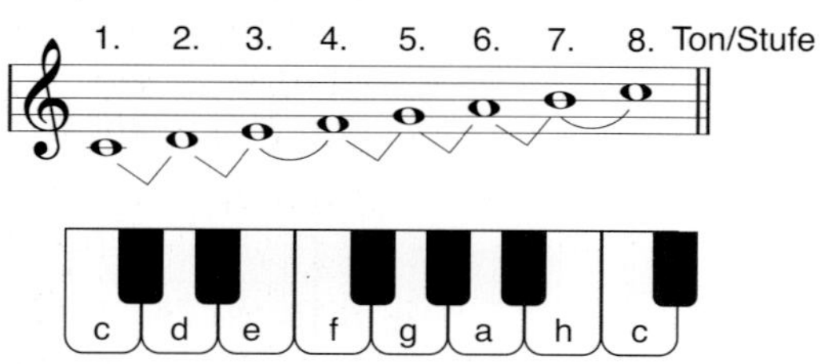

Beispiel: a-Moll-Tonleiter

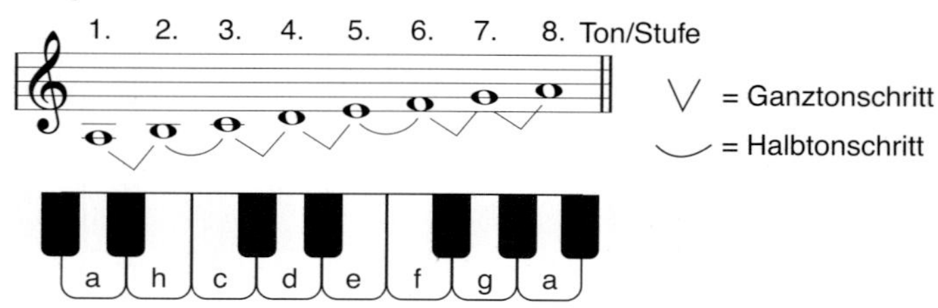

Zu jeder Dur-Tonart gehört eine „parallele" Moll-Tonart mit den gleichen Vorzeichen. Diese liegt stets eine kleine Terz (3 Halbtonschritte) tiefer als die entsprechende Dur-Tonart.
Dadurch verändert sich aber die Lage der Halbtonschritte. Sie liegen nun zwischen dem 2. und 3. sowie dem 5. und 6. Ton der Tonleiter.

2. Schreibe die F-Dur-Tonleiter auf. Kennzeichne die Halbtonschritte.

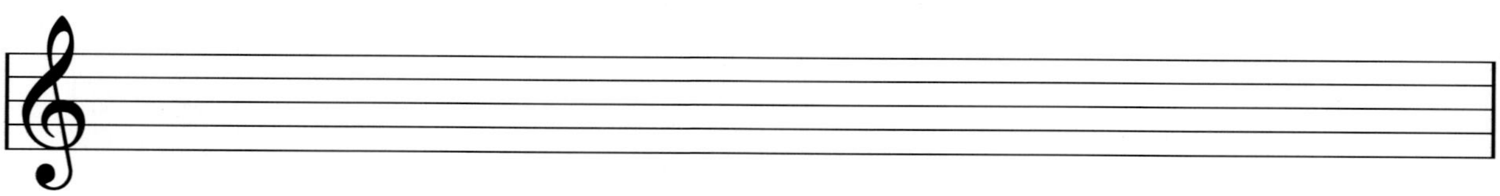

3. a) Schreibe die parallele Moll-Tonart auf. Kennzeichne die Halbtonschritte.
   b) Wie heißt die parallele Moll-Tonart von F-Dur? ....

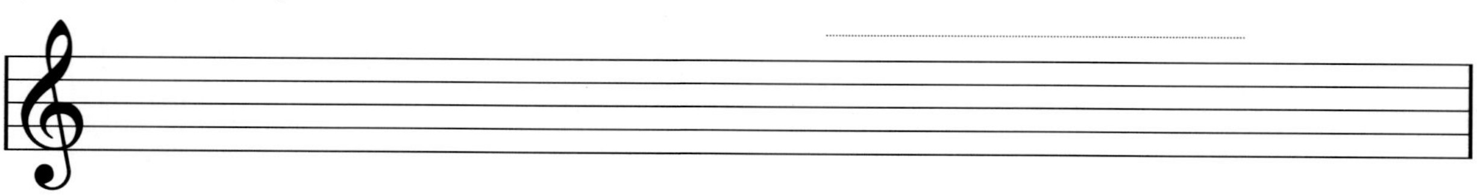

4. In welcher Tonart steht „Bruder Jakob" und in welcher das Beispiel aus der 1. Sinfonie?

Bemerkungen zum Komponisten

Modest P. Mussorgsky

Modest Petrowitsch Mussorgsky

Am 21. März 1839 wurde Modest Petrowitsch Mussorgsky auf dem Gut Karewo, nahe der litauischen Grenze, geboren.
Den ersten Klavierunterricht erteilte die Mutter. Als Siebenjähriger spielte Modest schon einige kleine Werke von Franz Liszt. Im Alter von neun Jahren trat er bereits vor einem größeren Publikum im Hause seiner Eltern auf.
1852 fand seine erste veröffentlichte Komposition, eine Polka, Anerkennung. In diesem Jahr trat er in die Gardejunkerschule ein. Im Herbst 1856 kam Mussorgsky in das Preobraschensky-Regiment, in dem er Gardeoffizier wurde. Schon zwei Jahre später beendete er seine militärische Laufbahn und lebte von der Unterstützung seines elterlichen Gutes. Als eine kaiserliche Verordnung die Leibeigenschaft der Bauern aufhob, hatte dies für ihn erhebliche finanzielle Auswirkungen, sodass Mussorgsky 1863 eine Stelle als subalterner Beamter im Staatsdienst (Verkehrsministerium/Landswirtschaftsministerium) aufnehmen musste. Diesen Kanzleidienst übte er bis 1879 aus.
Seine musikalische Laufbahn brachte im Jahre 1857 eine tief greifende Wende: Er lernte den Komponisten Mili Balakirew kennen, der ihn mit den Gedanken einer russischen Nationalmusik vertraut machte und auch sein Lehrmeister wurde, denn einen hochschulmäßigen Kompositionsunterricht erfuhr er nicht. Auch die anderen jungen Musiker des Kreises um Balakirew, wie Alexander P. Borodin (Chemieprofessor) oder Nikolaj A. Rimsky-Korsakow (Marineoffizier), waren mehr oder weniger geniale Laien. Später stieß noch Cesar Cui dazu. Die „Gruppe der Fünf“ wurde von dem Musikkritiker Wladimir Stassow auch als das „Mächtige Häuflein“ bezeichnet. Das war keine geschlossene künstlerische Vereinigung; jedoch fühlte man sich darin verbunden, eine russische Identität in ihrer Musik mit Rückgriffen auf die Folklore und den Charakter des Volkes zu finden und besonders gegenüber deutschen und italienischen Auffassungen zu vertreten.
Wohl seit seiner Zeit als Gardeoffizier war Mussorgsky von schweren Alkoholproblemen geplagt. Der Tod seiner Mutter, an der er sehr hing, die allmähliche Auflösung des Zusammenhaltes der Gruppe und die Entlassung aus dem Staatsdienst waren Schicksalsschläge, die ihn tiefer in seine Sucht trieben.
Am 28. März 1881 starb Mussorgsky nahezu völlig verarmt an Leberzirrhose.

Werke:

Opern: „Boris Godunow“, „Salambo“ (unvollendet), „Die Heirat“ (unvollendet), „Chowanschtschina“ (unvollendet), „Der Jahrmarkt von Sorotschinzy“ (unvollendet)

Lieder: Liederkreis „Die Kinderstube“, „Schöne Sawischna“, „Hopak“, „Wiegenlied“, „Beim Pilzesuchen“ u. v. a. m.

Orchester- und Klavierwerke: u. a. „Eine Nacht auf dem Kahlen Berge“ und „Bilder einer Ausstellung“

Bemerkungen zu „Bilder einer Ausstellung“

Tief getroffen vom Tod eines guten Freundes, dem Architekten und Maler Viktor Hartmann, der 1873 erst 39-jährig starb, setzte Mussorgsky ein Jahr später einige der anlässlich einer Gedächtnisausstellung gezeigten Bilder musikalisch um.

Aufbau:

Promenade I
Gnomus
Promenade II
Das alte Schloss
Promenade III
In den Tuilerien
Bydlo
Promenade IV
Ballett der Küken in ihren Eierschalen
Samuel Goldenberg und Schmuyle
Promenade V
Der Marktplatz von Limoges
Die Katakomben
Die Hütte der Baba Jaga
Das große Tor von Kiew

Die von uns behandelten Beispiele mussten im Rahmen dieser Veröffentlichung leider begrenzt werden. Doch wir denken, mit der vorliegenden Auswahl das kindliche Interpretationsvermögen am besten zu berücksichtigen.

Promenade

Die Beschreibungen und Interpretationen der einzelnen Bilder werden teilweise durch Zwischenspiele unterbrochen; dabei wird der Rundgang eines Besuchers geschildert. Die als „Promenade“ bezeichneten Stücke variieren mehrmals, so wie wenn der Betrachter je nach Bildmotiv seine Deutung ändern würde (**HB 15**).

Bydlo – ein Ochsenkarren, der vorüberrumpelt

Mussorgsky lässt das Stück in seiner Klavierfassung (Urtext) im Fortissimo beginnen. Er hält gewissermaßen den Moment fest, in dem sich das Gefährt auf unmittelbarer Höhe des Betrachters befindet. Es handelt sich also um ein nahezu statisches Bild (**HB 17**).

Im Vergleich dazu schildert Ravel (s. u.) in seiner orchestrierten Fassung (**HB 16**) die heranrollende Bewegung des Karrens von pianissimo über mezzoforte bis zu fortissimo, um dann, beim Entfernen des Karrens, wieder zu pianissimo zurückzukehren.
Mussorgsky greift in seiner Melodik auf folkloristische Elemente zurück. So könnte der Kutscher ein Lied singen; darüber ist er vielleicht etwas müde geworden, aber als der Karren etwas holpert, wird er wieder munter.

Ballett der Küken in ihren Eierschalen

Das Bild von Viktor Hartmann, welches der Musik als Vorlage gedient hat, ist eine Kostümstudie zu J. Gerbers Ballett „Trilby“. Musikalisch überschrieben ist dieses kleine Stück mit „Scherzino“. Federleicht schildert der Komponist das quicklebendige Hin und Her der Küken, verstärkt durch immer wiederkehrende fast piepsende Vorschlagsnoten und eingestreute Triller (**HB 18**).

Der Marktplatz von Limoges

Wie in „Samuel Goldenberg und Schmuyle“ versucht Mussorgsky nicht nur Gefühle, sondern auch die menschliche Rede in Tönen einzufangen. Hier illustriert er die wild durcheinander schnatternden Marktfrauen und Besucher des Marktes.
Durch Rede und Gegenrede mit Wiederholungen und gegenseitigen Unterbrechungen und im gleichzeitigen Aufeinandereinreden mehrerer Parteien entsteht ein Bild heftigen, aber auch durchaus ironisierten Streites. Motivwiederholungen deuten als typische Ausdrucksform auf recht hartnäckige Auseinandersetzungen hin (**HB 20**).

Die Hütte der Baba Jaga

Auslöser für diese Komposition war Hartmanns Bild einer altrussischen Bronzeuhr. Sie stellt die Hütte der Hexe Baba Jaga dar, die auf drei Hühnerbeinen steht und sich jeweils in Richtung ankommender Menschen dreht.
Mussorgsky schildert, wie sich die Hexe zunächst auf einen Ritt in einem Mörser vorbereitet. Die motivische Aufwärtsbewegung kennzeichnet den Flug durch die Lüfte und endet in einem jubelnden Freudenthema (C-Dur). Die Hexe kommt ihrem Ziel nun langsam, aber unaufhaltsam näher.
Nach dem Allegro-Teil schließt sich im Mittelstück andante (ruhig) die Schilderung des Zauberwaldes an. Den Schluss bildet wiederum ein Allegro als variierte Wiederholung des Anfangs. Der Rückflug (**HB 27**)?

Zur Orchestrierung:

Es hat verschiedene Komponisten gereizt, Mussorgskys „Bilder“ zu bearbeiten. Die orchestrale Wirkung und der musikalische Einfallsreichtum scheinen Anlässe dieser Bemühungen zu sein.
In ihrer Breitenwirkung hat wohl nur die Orchesterfassung von Maurice Ravel (1875 – 1937), die 1922 in der Pariser Oper uraufgeführt wurde, überlebt. Bis auf winzige Änderungen hat der Bearbeiter dabei am Original „geklebt“.
Die Übersetzung der Klavierpartitur auf ein ganzes Orchester mit all der Farbigkeit seiner gezielt eingesetzten Instrumente führte so zu einer kongenialen Klanginterpretation, die die Bildhaftigkeit der Musik in ihrem Ausdruck verstärkte und durch die erweiterten Möglichkeiten klarer und damit noch sinnfälliger machte.

Wir haben bei der Auswahl unserer Hörausschnitte auf die Ravel'sche Bearbeitung zurückgegriffen. Bei zwei Beispielen haben wir jedoch die Klavierfassung zur Gegenüberstellung angefügt, die sicher zu reizvollen Vergleichen führen kann.

Bydlo

Es wurde bereits erwähnt, dass Mussorgsky und Ravel allein in Bezug auf Vermerke zu Lautstärken eine unterschiedliche Sichtweise hatten.
Das Rollen des Ochsenwagens wird in der Orchesterfassung von Fagotten (und Kontrafagotten) und den Streichern (Violinen, Bratschen, Celli und Kontrabässen) gespielt, während die Tuba (welche Ehre!) zunächst die Melodie führt.
Nach dem dreifachen Forte ordnet sich die Tuba in die Ostinatobegleitung ein; Streicher und Holzbläser übernehmen die Melodieführung, die zum Schluss hin wieder von der

Tuba aufgenommen wird. Mit der leiser werdenden Musik (bis ppp), einem letzten Klarinettenton und Pizzicati von Harfe und Bass entschwindet der Karren in der Ferne. Hiermit hat Mussorgsky vermutlich ein Bild der gedemütigten und erniedrigten Bauern auf seine Weise umgesetzt (**HB 16**).

Der Marktplatz von Limoges

In seinem Autograph hat der Komponist in zwei Notizen die Geschichte einer entlaufenen Kuh skizziert, die Bemerkungen jedoch nachträglich wieder durchgestrichen. Vielleicht, um dem Hörer die unprogrammatische Möglichkeit eigener Fantasie zu belassen.
Während bei der Klavierfassung die Eindrücke des Geschwätzes (Behauptung – Gegenbehauptung), des wirr gesprochenen Durcheinanders, bis zur Kulmination im Streit, musikalisch noch einigermaßen durchsichtig sind, hat Ravel durch seine Übertragung die Wirkung des Marktgeschehens nahezu „greifbar“ gemacht.
Der Wechsel der Taktarten und Harmonien wird immer wieder durch „hingefetzte“ Einwürfe verschiedener Instrumentalgruppen auf geniale Weise bildhaft bereichert. Insbesondere das Schlagzeug verstärkt die überaus farbige Stimmung. Eine weitergehende analytische Betrachtung versagt sich hier aus Gründen der außerordentlich anspruchsvollen kompositorischen Arbeit.
Augen schließen ... und in den Markt hineinhören (**HB 12**)!

Der Vollständigkeit halber haben wir unsere Hörbeispiele um die übrigen Stücke des Zyklus ergänzt, ohne Erörterungen für die Kinder zu ergänzen. Jedoch sei hier jeweils eine Kurzcharakteristik angefügt.

Gnomus

Musikalisch werden die grotesken Fortbewegungsversuche eines Zwergen nachgeahmt (**HB 28**).

Das alte Schloss

Das ist nicht die Beschreibung eines Bauwerkes, sondern das Lied eines Troubadours „gesungen“ von einem Alt-Saxofon (**HB 29**).

In den Tuilerien

In einem Park in Paris werden spielende und schreiende Kinder geschildert (**HB 30**).

Samuel Goldenberg und Schmuyle

Zwei polnische Juden, der eine reich, sich selbstgefällig im Unisono von Streichern und Bläsern äußernd, der andere arm, schrill plappernd (Trompete) (**HB 31**).

Das große Tor von Kiew

Voller Wucht wird hier noch einmal die Promenaden-Thematik verwendet (**HB 32**).

Unterrichtshinweise zu „Bilder einer Ausstellung“

1. Ziele und Inhalte

Hörbeispiele

HB: 10–14
HB: 15–18
HB: 19, 20
HB: 21–27

- Musik Bildern zuordnen
- untersuchen, was Mussorgsky mit der „Promenade“ ausdrücken wollte
- Unterschiede zwischen der Klavier- und Orchesterfassung („Bydlo“) feststellen.
- Lautstärken erarbeiten („Bydlo“)
- Musik mit Worten beschreiben („Bydlo“)
- anhand von Notenbeispielen verschiedene Teile („Bydlo“) bestimmen
- den Formverlauf von „Ballett der Küken“ feststellen
- grafische Notation („Ballett der Küken“)
- Sprechtext zu „Auf dem Marktplatz von Limoges“
- Lesetext zu „Baba Jaga“
- Bildbetrachtung zu „Baba Jaga“
- Musik Bildern und Sätzen zuordnen („Baba Jaga“)
- Hörbeispiele Notenbeispielen zuordnen („Baba Jaga“)

---

2. Arbeitsvorschläge

- **Motivation**

Hörbeispiele (**HB 10–14**) vorspielen und Bildern zuordnen **AB 1**.

- **Erarbeitung**

AB 1: Lehrer/in erzählt etwas über das Leben und Schaffen von M. P. Mussorgsky (siehe Bemerkungen zum Komponisten und zur Komposition).
Es bieten sich zur Erarbeitung von **AB 1** mehrere Möglichkeiten an:

a) Die Schüler/innen beschreiben die Bilder und versuchen Sätze zu bilden, die dazu passen.
Anschließend wird auf die Musik eingegangen (**HB 10–14**).

b) Es wird von den Hörbeispielen ausgegangen; diese werden den Bildern zugeordnet.
Die Bildtitel, die Mussorgsky gewählt hat (siehe Lösungsteil), werden von Lehrer/in an der Tafel festgehalten.

AB 2: Eine Möglichkeit ist, von der Zeichnung zu Arbeitsauftrag 1 eine Folie zu ziehen. Lehrer/in erzählt, dass Mussorgsky einmal durch eine Ausstellung gegangen ist und hierzu diese Musik (**HB 15**) komponiert hat. Folie zeigen.

Mögliche Äußerungen der Schüler/innen:

– Er bleibt vor einem Bild stehen.
– Er geht zum nächsten Bild.
– Er geht langsam, dann schneller.
– Er geht näher zum Bild und wieder zurück usw.

Anschließend **AB 2** austeilen.

Zu Arbeitsauftrag 4 – Impuls:

Schaut euch noch einmal die Zeichnung an.
Was könnte sie mit dem häufigen Taktwechsel zu tun haben?

Mögliche Äußerungen der Schüler/innen:

– Man geht nicht in gleich bleibendem Tempo durch eine Ausstellung.
– Man bleibt zwischendurch stehen, verändert den Schritt.
– Man geht mal schneller, mal langsamer.

Das Thema ist auf Stabspielen oder mit der Flöte sehr schnell zu erarbeiten, da die Takte 1 und 2 identisch sind mit Takt 3 und 4.

AB 3/4: **HB 16** wird vorgespielt und die Schüler/innen betrachten das Bild. Die Zeichnung kann auch an die Tafel gemalt werden, während die Schüler/innen die Musik hören. Anschließend wird die Klavier- und die Orchesterfassung vorgespielt (**HB 16+17**). Die Schüler/innen stellen Unterschiede fest.
Das Thema kann von Xylofonen gespielt und bei jeder Wiederholung hinsichtlich der Lautstärke verändert werden. Für den Ostinato* eignet sich die Pauke. Anschließend **AB 4** bearbeiten lassen.

AB 5: Nachdem die Schüler/innen das Musikbeispiel (**HB 16**) mehrmals gehört haben, fällt es ihnen nicht schwer, die vorgegebenen Sätze sinnvoll zu ordnen und aufzukleben.

AB 6: Bevor man die Partitur erarbeitet, ist es sinnvoll, die Schüler/innen die verschiedenen Teile der Musik durch Hören feststellen zu lassen (A A` B A A``). Beim Verfolgen der Musik (**HB 17**) anhand der Partitur sollte darauf hingewiesen werden, dass das Thema (A) ab Takt 38 im Violinschlüssel statt im Bassschlüssel gesetzt ist.

AB 7: Die Teile sind den Schüler/innen bekannt; ebenfalls die Veränderungen der Lautstärke. Maurice Ravel lässt die Ostinatofigur des rollenden Wagens von Fagotten und Streichern und die Hauptmelodie von der Tuba spielen. Die Wiederholung ab Takt 38 übernehmen die Streicher, die hohen Holzbläser und die Hörner. Den letzten Einsatz der Melodie (ab Takt 47) übernimmt wieder die Tuba (**HB 16**).

---

* kurze sich ständig wiederholende Tonfolge

AB 8: Für die Schüler/innen ist es sicher einfacher, den Formverlauf anhand der grafischen Notation feststellen zu lassen. Die Schüler/innen schneiden die Kärtchen aus und ordnen sie in der Reihenfolge des Gehörten (**HB 18**). Zum Schluss werden die Kärtchen aufgeklebt.

AB 9: In „Der Marktplatz von Limoges“ illustriert Mussorgsky die wild durcheinander schnatternden Marktfrauen und Marktbesucher.
Wir haben einen Ausschnitt gewählt, der das Gezeter deutlich widerspiegelt. Die Schüler/innen sollen versuchen, den Text zur Musik zu sprechen. Allerdings ist das Original-Tempo des Stückes außerordentlich schnell. Daher haben wir zur Einübung eine langsamere Version (**HB 19**) hergestellt. Sobald die Einsätze gefestigt sind, kann der Text zur Originalmusik gesprochen werden (**HB 20**). Man kann die Textstellen auch auf einzelne Schüler/innen oder Gruppen verteilen.

AB 10/11: Sicher ist es für die Schüler/innen interessant, die Geschichte der Hexe Baba Jaga kennen zu lernen, die hier nur in freier und stark gekürzter Form nacherzählt wird. Der Text bietet sich auch als Hausaufgabe an, mit Fragestellungen wie:

- Wie lautet der Name des Kindes?
- Mit wem teilt das Mädchen die trockenen Brotreste?
- Welcher Rat wird dem Mädchen gegeben?
- Was sollte das Mädchen bei Baba Jaga für seine Stiefmutter besorgen?
- Welche vier Dinge helfen dem Mädchen und lassen es wohl behalten wieder zu Hause ankommen?
- Mit welchen Mitteln kann das Mädchen die Hexe Baba Jaga aufhalten?

AB 12: Die Musik zu „Baba Jaga“ wird vorgespielt (**HB 27**). Die Schüler/innen äußern sich zur Musik und zum Bild.

AB 13: Die Schüler/innen erzählen frei zu den Bildern und stellen Vermutungen über deren Reihenfolge an. Dann werden die **HB 21, 22, 23, 25, 26** und **24** nacheinander eingespielt. Die Bilder werden ihnen zugeordnet und entsprechend aneinander gereiht. Danach werden die passenden Sätze zu den Bildern geschrieben.

AB 14: Die Schüler/innen sollen die Notenbeispiele den entsprechenden Musikabschnitten zuordnen (**HB 21, 23** und **26**).

AB 15: Spielsatz zur „Promenade“

AB 16/17: Improvisationsübungen zu „Bilder einer Ausstellung“ auf der Basis der pentatonischen Tonleiter (c – d – e – g – a).
Tipp: Klangstäbe f und h entfernen.

Nachfolgend einige zusätzliche Anregungen (nach Belieben veränderbar):

Bydlo: sehr langsam, müde, kräftig, schwerfällig (Bassxylofon/Bassmetallofon)

Küken: sehr lebhaft, schnell, unruhig, lebendig, lustig (Glockenspiel/Xylofon)

Markt: laut, schwatzhaft, unruhig, streitend, schnell (zwei bis vier Instrumente, die sich mit kurzen, schnellen Themen miteinander streiten)

Hexe: hüpfend, manchmal schnell, manchmal stockend, manchmal leise, geheimnisvoll, dann laut bedrohlich (Metallofon)

Eine gute Methode zum Erlernen solcher melodischen Motive ist das Frage-Antwort-Spiel: Der Lehrer spielt einem Schüler eine 2-taktige Melodie vor, der Schüler „antwortet" ihm mit einer eigenen Idee, jedoch sollte auf den Charakter des vorgegebenen Beispiels (laut, leise – langsam, schnell) eingegangen werden.

Beispiel:

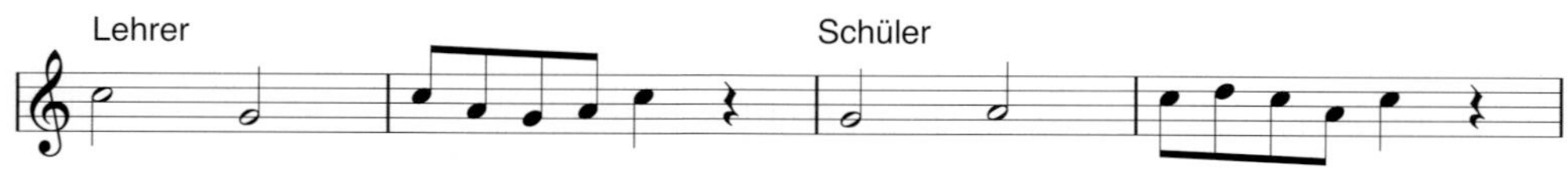

Es kann auch reihum improvisiert werden, d. h. Schüler/in 1 = Frage, Schüler/in 2 = Antwort, Schüler/in 3 = Frage, Schüler/in 4 = Antwort usw.
Es hat sich in der Praxis bewährt, den Schüler/innen zunächst ein einfaches rhythmisches Motiv vorzugeben, an das sich jeder halten soll. Dies erleichtert die Konzentration auf die melodische Gestaltung und der Lehrer hat die Möglichkeit, auf einem Klavier oder Keyboard zu begleiten (Akkorde C – a-Moll – F – G).

Mit solchen kurzen Improvisationsübungen (5 Minuten) können unabhängig vom jeweiligen Unterrichtsthema die Musikstunden zur Einstimmung begonnen werden.

Tipp: Die Beispiele von „Bilder einer Ausstellung" eignen sich auch zum fächer- und klassenübergreifenden Einsatz.

Kunst:	Malen der Bilder	Deutsch:	Szenische Darstellung/Rollenspiel Schluss des Stückes etwa: Museumswärter kommt mit Schlüsselbund und „schließt den Vorhang".
Sport:	Tanz (Küken, Baba Jaga)		
Musik:	Instrumentalbegleitung		

Tests: Zu Mussorgskys „Bilder einer Ausstellung" haben wir aufgrund des erheblichen Umfanges drei Tests erarbeitet. Wird die Unterrichtseinheit sehr ausführlich behandelt, können die Tests je nach unterrichtlichen Zielen zusammengeschnitten werden.

Der Komponist Modest Mussorgsky ist einmal durch eine Ausstellung gegangen. Er promenierte dabei von Bild zu Bild. Während er einzelne Bilder betrachtete, fiel ihm Musik dazu ein. Das gesamte Werk nannte er „Bilder einer Ausstellung“.

Arbeitsaufträge: 1. Höre dir die Musikbeispiele an (**HB 10–14**).
Zu welchen Bildern könnte die Musik passen? Nummeriere in der Reihenfolge des Gehörten.
2. Wähle für jedes Bild eine Bildunterschrift aus. Die unten stehenden Wörter helfen dir dabei.
3. Schreibe die von Mussorgsky gewählten Überschriften über die Bilder.

☐ (**HB 10**)

☐ (**HB 11**)

☐ (**HB 14**)

☐ (**HB 13**)

☐ (**HB 12**)

Küken tanzen
Das Haus der Hexe Baba Jaga
auf Hühnerfüßen
auf dem Marktplatz
Ein Ochsenkarren
Ein Besuch
in ihren Eierschalen
fährt vorbei
Das Treiben
in den unterirdischen Grabstätten

Bilder einer Ausstellung – Promenade HB 15 AB 2

In der „Promenade“ stellt sich Mussorgsky selbst dar, wie er in der Ausstellung von Bild zu Bild wandert.

Arbeitsaufträge:

1. Höre dir die Musik zur „Promenade“ an.
   Was könnte die Musik mit der folgenden Zeichnung zu tun haben?

2. Setze die passenden Wörter ein:

   Er geht mit ________________ oder ________________ Schritten durch die Ausstellung. Manchmal bleibt er ____________, um ein Bild näher zu betrachten. Dann geht er ________________ weiter zum nächsten Bild. Gelegentlich _________ sein Gang.

   (stockt – schnellen – stehen – gemächlich – langsamen)

3. Verfolge das Thema der „Promenade“ anhand des Notenbildes.

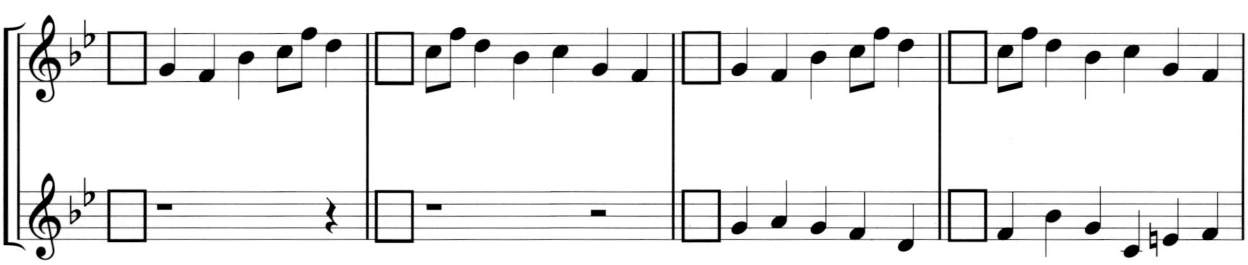

4. Trage bei jedem Takt die Taktart ein.
   Was wollte der Komponist mit dem häufigen Wechsel des Taktes ausdrücken? Sprecht darüber.

5. Spielt das Thema auf Stabspielen.

Bilder einer Ausstellung – Bydlo **HB 16 + 17** **AB 3**

Das Bild stellt einen polnischen Karren mit riesigen Rädern, der von Ochsen gezogen wird, dar.

Maurice Ravel hat Mussorgskys Klavierwerk „Bilder einer Ausstellung" instrumentiert.

Arbeitsaufträge:

1. Höre dir die beiden Fassungen zu dem Stück „Bydlo" an (**HB 16 + 17**).
   Welche Unterschiede kannst du feststellen?

	Mussorgsky	Ravel
Instrumente		
Lautstärke		

2. Spielt die Melodie auf Instrumenten.

Ostinato

3. Verwendet bei den Wiederholungen unterschiedliche Lautstärken.

ppp	piano pianissimo	(so leise wie möglich)
pp	pianissimo	(sehr leise)
p	piano	(leise)
f	forte	(laut)
ff	fortissimo	(sehr laut)
fff	forte fortissimo	(so laut wie möglich)
p < f	crescendo	(allmählich lauter werdend)
f > p	decrescendo	(allmählich leiser werdend)

z. B. pp – p – f – ff – f – p – ppp

4. Welche Möglichkeiten hast du noch, die Melodie zu spielen?
   Erarbeitet die Spielweise in der Gruppe und schreibt sie auf.

Arbeitsauftrag: Höre dir das Musikbeispiel an. Achte auf die Lautstärken.
Schneide die Kärtchen aus und klebe sie in der richtigen Reihenfolge auf.

Räder ______________________________

crescendo decrescendo

Lautstärken

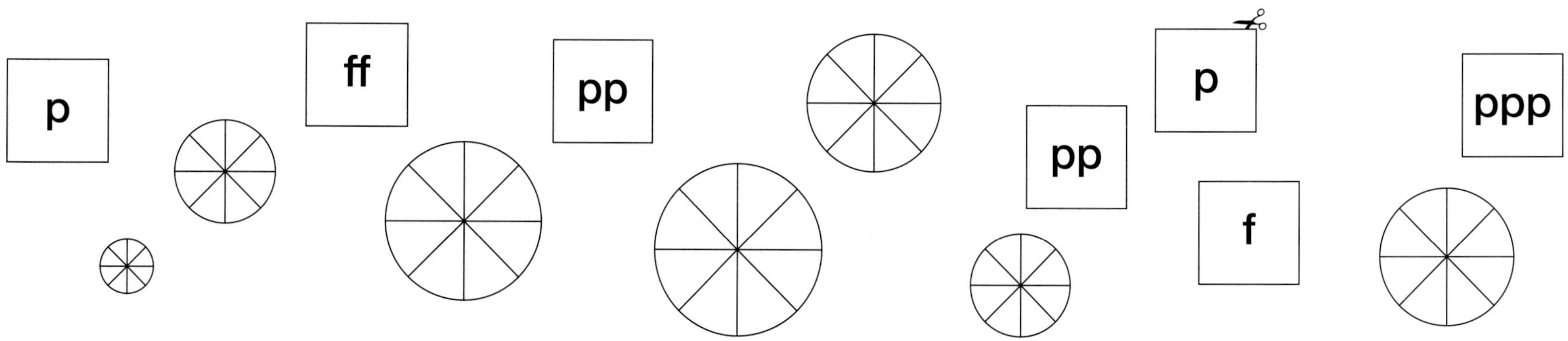

Bilder einer Ausstellung – Bydlo (Musik mit Worten beschreiben)

HB 16 **AB 5**

Arbeitsauftrag: Schneide die unten stehenden Sätze aus, bringe sie in die richtige Reihenfolge und klebe sie in den Wagen.

Das Gespann zieht mit lautem Poltern an mir vorüber.

Gemächlich kommt das Gefährt näher. Man sieht schon seine Umrisse. Mühselig ziehen es die Ochsen über einen lehmigen Weg.

Nun geht es leicht bergab. Der Fahrer ist müde geworden. Durch ein plötzliches Holpern des Wagens wird er wieder munter.

Es entfernt sich langsam und entschwindet meinen Blicken.

Jetzt geht es steil bergauf. Die massigen Tiere brauchen all ihre Kraft.

Ganz in der Ferne hört man einen Wagen heranrollen. Der Kutscher summt leise eine Melodie.

Bilder einer Ausstellung – Bydlo (Melodie)

HB 17 **AB 6**

Arbeitsauftrag: Verfolge die Musik anhand der Partitur mit. Markiere die verschiedenen Teile mit unterschiedlichen Farben.

A A´ B A A´´

M. Mussorgsky/Ravel „Pictures at an Exhibition"

Bilder einer Ausstellung – Bydlo (Formverlauf)

HB 16 **AB 7**

Das Stück besteht aus verschiedenen Teilen. Manche sind gleich (A – A), andere unterscheiden sich leicht (A – A´ – A´´) und wieder andere sind verschieden (A, B, C ...).

Arbeitsaufträge:

1. Höre das Musikbeispiel und stelle den Verlauf fest.

☐ ☐ ☐ ☐ ☐

2. Fülle die Tabelle aus. Die unten stehenden Wörter und Zeichen helfen dir.

Teil	Melodieführung	Ostinato	Lautstärke

p

pp

Tuba

Fagott + Streicher

f > p

Fagott + Streicher

Streicher, hohe Holzbläser, Hörner

p < f

Schlagwerk, Tuba, Harfe

Tuba

ff

Tuba

Streicher, Holzbläser; Blechbläser kommen hinzu

Fagott + Streicher

Bilder einer Ausstellung – Ballett der Küken (Formverlauf)

HB 18 **AB 8**

Arbeitsaufträge:

1. Höre dir das Hörbeispiel mehrmals an. Versuche die verschiedenen Teile herauszuhören und achte auf Wiederholungen.

2. Schneide die unteren acht Kärtchen aus und klebe die Kärtchen (1–4) in der Reihenfolge des Gehörten in die grauen Leerfelder.

3. Trage die Buchstaben (A), (A), (B) und (C) in die Kreise der Kärtchen (5–8) ein und klebe diese unter die entsprechenden Bilder.

(1–4)

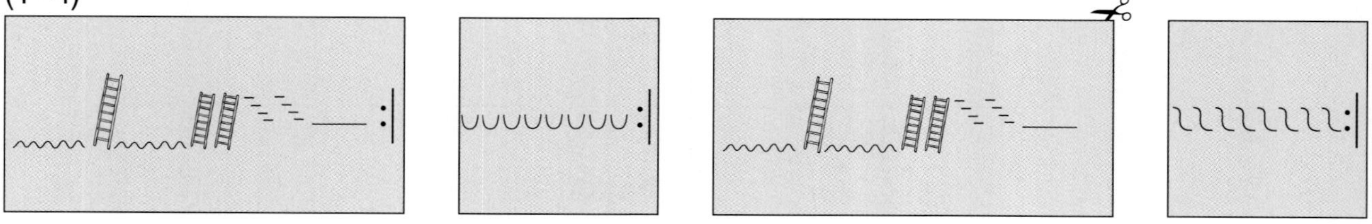

(5–8)

Bilder einer Ausstellung – Der Markt ... (Sprechtext zur Musik)

HB 19+20 **AB 9**

Baba Jaga – ein russisches Märchen.

Es war einmal ein Mann, der lebte ganz allein mit seinem Töchterlein in einem kleinen Häuschen. Dort ging es tagaus, tagein immer freundlich und friedlich zu. Bis der Mann irgendwann auf den Gedanken kam, sich wieder zu verheiraten.

Von da an war für Marussia nichts mehr so wie früher. Keine Scheibe Wurst gab es zum Brot, keinen Tee und auch kein freundliches Lächeln mehr. Und wenn etwas im Hause nicht in Ordnung war, war das kleine Mädchen Schuld.

Der Vater glaubte seiner neuen Frau alles und verbot seiner Tochter, mit am Tisch zu sitzen, sodass die Kleine draußen in einer Ecke des Hofes ihre trockenen Brotreste essen musste. Das Kind weinte und weinte vor sich hin, dass von seinen Tränen das Brot aufweichte.

In seiner ganzen Trauer vernahm es eines Tages ein dünnes, piepsiges Geräusch. Was konnte das bloß sein? Und da sah es schon den Kopf eines kleinen Mäuschens, das dann schnell aus seinem Versteck herauskrabbelte und sich neben das Mädchen setzte. „Ich habe auch etwas Hunger, gibst du mir ein paar Krümel?“, fiepte der winzige Nager. „Aber ja ... hier hast du etwas!“ Doch in Windeseile war die Krume aufgezehrt. Das Mäuschen hob bettelnd sein Schnäuzchen und Marussia warf ihm immer neue Brotstückchen zu, bis sie selbst nichts mehr hatte.

„Du bist ein außergewöhnlich liebes Mädchen, du hast mir alles gegeben. Dafür will ich dir einen ganz wichtigen Rat geben!“ Das Mädchen lachte: „Du ... mir ... ach, du meinst es ja sicher gut, doch von einer kleinen Maus einen Rat?“
„Sei nur nicht so voreilig, Kind, nimm dich in Acht vor deiner Stiefmutter. Sie ist die Schwester von Baba Jaga, der klapperdürren, Menschen fressenden Hexe, die tief im Wald in einer Hütte lebt, die auf drei Hühnerbeinen steht. Jedes Mal, wenn sich ein Mensch nähert, dreht sich das ganze Gehäuse mit der Tür in die Richtung, aus der der Besucher kommt. Ein bisschen ungläubig hörte das Mädchen zu, als das Mäuschen fortfuhr: „Glaub mir das. Sei ganz vorsichtig!“

Am nächsten Tag, der Vater war in der Stadt um Besorgungen zu machen, sagte die Stiefmutter: „Hole mir bitte von meiner lieben Schwester, die im Wald wohnt, Nadel und Faden, ich muss ein Hemd deines Vaters flicken. Für unterwegs habe ich dir hier etwas in ein Handtuch gewickelt. Obwohl das Kind wusste, dass Nadel und Faden im Haus waren, gehorchte es aus lauter Furcht und zog los.

Nach einiger Zeit kam es auf seinem Wege an einen umgestürzten Baum. Wieder hörte es ein Geräusch wie auf dem Hof – und schwupps, saß auch schon das Mäuschen wieder neben ihm. „Ich weiß, wohin du gehen sollst. Du musst höllisch aufpassen, denn Baba Jaga ist die schrecklichste Hexe auf dem ganzen Erdball. Sie ist spindeldürr, hat eine fürchterlich spitze Hakennase und tiefschwarze Kohlenaugen. Ihre Hände sehen aus wie Fischgräten und ihre eisernen Zähne wie Schürhaken, die zubeißen wie eine Brikettzange.“

Schlotternd vor Angst stand das Mädchen da. „Du wirst es schon schaffen“, tröstete das Mäuschen, „heb nur alles auf, was du auf dem Wege findest, das wird dir helfen. Nimm auch das Handtuch mit.“

Unterwegs fand das Kind ein Stückchen Fleisch und einen kleinen Laib Brot. Dann, ganz plötzlich, stand es vor einer mehr als wunderlichen Hütte. Eigentlich sah sie aus wie eine große Uhr – aber auf drei Hühnerbeinen?

Der Hofhund knurrte schon ziemlich böse, als das Mädchen ihm ein Stück Brot hinwarf. Dem zotteligen alten Kater warf es einen Brocken Fleisch zu.

Marussia klopfte an der Tür und als es „Herein!“ erscholl, öffnete sie diese und erblickte die Furcht erregende, schrumpelige Knochenhexe. Hin und her, mit Tränen in den Augen vor lauter Arbeit, wusselte ihre Dienerin vor sich hin.

„Ich werde im Waschkessel Wasser kochen, das Kind wird sicher eine leckere Mahlzeit für mich“, meinte die Alte mit höhnischem Gelächter und ging in den Keller.

Das Mädchen zitterte am ganzen Körper. Plötzlich saß der Kater neben ihm, sah seinen bejammernswerten Zustand und bot seine Hilfe an. „Dein Handtuch und der Kamm in deinem Haar können dir helfen. Ergreife die Flucht, solange Baba Jaga noch im Keller ist. Sie wird dich aber bald verfolgen. Dann breite das Handtuch aus und es wird sich in Windeseile in einen breiten Fluss verwandeln. So wird die Hexe Schwierigkeiten haben, an dich heranzukommen. Wenn sie das aber geschafft hat, wirf deinen Kamm zu Boden. Aus den Zähnen des Kammes entsteht urplötzlich ein dichter großer Wald, den sie nicht durchdringen kann.“

So schnell es konnte, stürmte das Kind aus der Hütte. Kaum war Baba Jaga wieder oben, stellte sie dessen Verschwinden fest. Sie fauchte und schrie wie wild. Voller Wut setzte sie sich in ihren Mörser, fuchtelte mit dem knöchernen Stößel und ritt mit grimmigen Gebärden hinter der Kleinen her.

Unmittelbar bevor die Alte das Kind erreichte, warf dieses das Handtuch in ganzer Länge auf den Boden. Nur mühsam und mit ohnmächtigem Zorn durchquerte Baba Jaga den Fluss und das Mädchen bekam so wieder einen ziemlichen Vorsprung. Dennoch erreichte die Hexe nach einer kleinen Weile wieder ihr Opfer. Doch Marussia ließ den Kamm fallen und keine Hexe der Welt wäre je durch dieses undurchdringliche Dickicht von Blättern und Ästen, Sträuchern und Bäumen gekommen.

Das Mädchen kam so trotz aller Gefahren wohlbehalten wieder zu Hause an. Die ganze Geschichte erzählte es dem Vater, der schnurstracks seine Frau hinausjagte. Die Tür war noch nicht völlig geschlossen, als, schwupps, die kleine Maus ins Haus sprang. Natürlich war bei allen die Freude groß und zum Dank bekam der kleine, graue Nager jeden Tag alle Brotkrumen und sonntags auch noch ein Stückchen Käse dazu.

Baba Jaga, die Hexengestalt eines russischen Märchens, reitet in einem Mörser, in dem sie menschliche Knochen zerreibt.
Sie lebt tief im Wald und lockt die Menschen, die sich verirrt haben, an. Ihre Hütte steht auf drei Hühnerbeinen, wobei sie den Eingang jeweils in die Richtung drehen kann, aus der die Menschen kommen.

Bilder einer Ausstellung –
Musik erzeugt Bilder

HB 21–26 **AB 13**

Arbeitsaufträge:

Die Bilder sind durcheinander gekommen.

1. Höre dir die Musikbeispiele an. Schneide die Bilder aus und bringe sie in die Reihenfolge des Gehörten.
2. Klebe die Bilder auf ein anderes Blatt Papier und schreibe den entsprechenden Satz dazu.

Freudestrahlend entdeckt die Hexe ihr Opfer. / Sie ist erbost, dass ihr das Mädchen entlaufen ist. / Die Hexe steigt in die Lüfte und fliegt. / Die Hexe umkreist ihr Opfer. / Sie fängt ihr Opfer nicht und fliegt enttäuscht zurück. / Die Hexe schwebt über dem Mädchen.

Bilder einer Ausstellung – Hörübungen

HB 21, 23, 26 **AB 14**

Arbeitsaufträge:

1. Höre dir die Musikausschnitte an und vergleiche sie mit den Notenbeispielen.
2. Trage ein, in welcher Reihenfolge du die Beispiele hörst.
3. Welche Instrumente hörst du heraus? Schreibe sie jeweils dazu.

(HB 26) ○

....

(HB 21) ○

....

(HB 23) ○

....

(Flöte, Fagott / Trompete, Horn, Becken, Flöten / Schlagzeug, Streicher, Bläser)

Bilder einer Ausstellung – Spielsatz zur „Promenade“

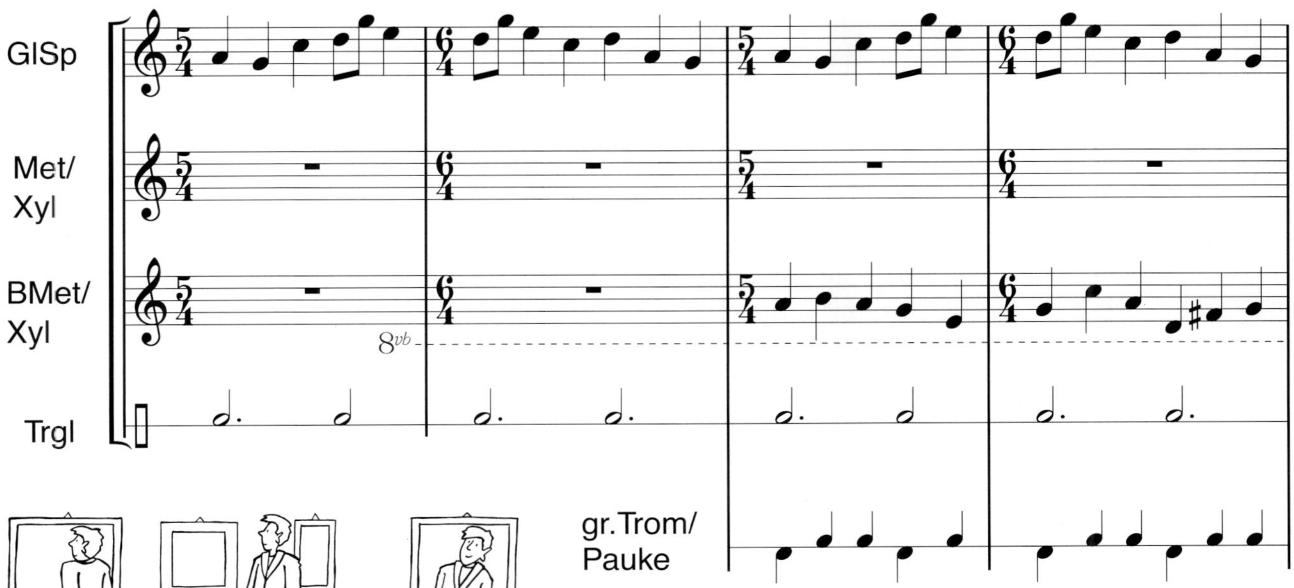

Anmerkung:

1. Spielsatz wiederholen und Rhythmusinstrumente erst beim 2. Durchgang dazunehmen.
2. Orff-Instrumente können beliebig mit Keyboardstimmen oder vorhandenen akustischen Instrumenten unterstützt werden.

Bilder einer Ausstellung – Improvisationen (1) AB 16

Wir wollen in Schritten versuchen, den Charakter der Bilder mithilfe der musikalischen Improvisation zu beschreiben. Dazu bedienen wir uns zweier wichtiger Mittel:

1. Ostinato
2. Pentatonik

1. Schritt: Ein vorgegebener Akkordablauf wird eingeübt.
Die einzelnen Melodiestimmen sind nach Belieben auf Orff-Instrumente oder vorhandene klassische Instrumente zu verteilen.

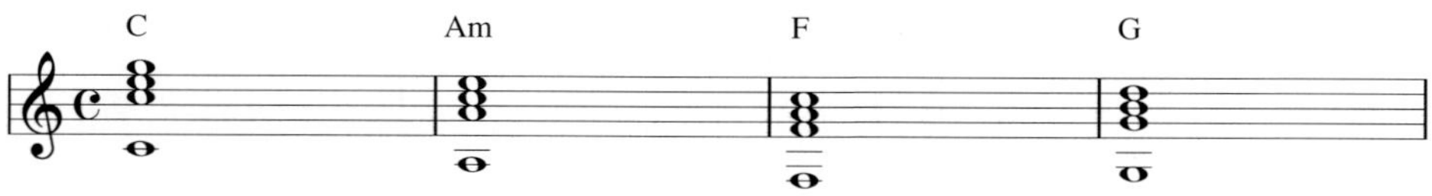

2. Schritt: Wir verändern diesen Akkordablauf rhythmisch sowie melodisch und passen ihn dem Charakter der einzelnen Bildaussagen an.

3. Schritt: Wir benutzen die pentatonische Tonleiter in C-Dur zur Improvisation.

Tipp: Bei Orff-Instrumenten die Stäbe „f“ und „h“ entfernen.

* mäßig schnell

Bilder einer Ausstellung – Improvisationen (2) **AB 17**

4. Schritt: Wir beschreiben den Charakter der einzelnen Bilder mit Adjektiven, versuchen zunächst jedoch, ihm typische Instrumente zuzuordnen und ihn dann musikalisch nachzuspielen. Dabei ist es völlig gleichgültig, welche Töne der pentatonischen Tonleiter gespielt werden, jeder Ton klingt.

Bydlo: Instr.: .... Adj.: ....

....

Küken: Instr.: .... Adj.: ....

....

Markt: Instr.: .... Adj.: ....

....

Hexe: Instr.: .... Adj.: ....

....

5. Schritt: Wir improvisieren zu den einzelnen Bildern auf der Grundlage des jeweiligen Ostinatos.

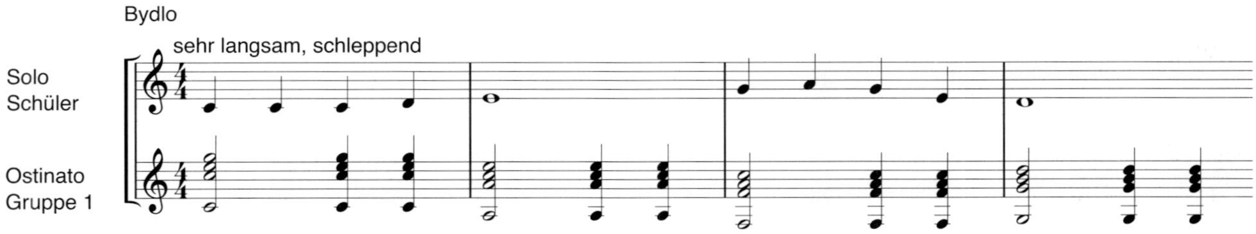

Entsprechend dieser Beispiele werden auch die beiden anderen Bilder erarbeitet.

- Beim „Markt" solltet ihr darauf achten, dass sich jeweils zwei Schüler mit verschiedenen Instrumenten beim Improvisieren abwechseln, damit die Streitsituation erkennbar wird.

- Bei „Baba Jaga" können zum Ostinato 4 auch Ostinato 3 („Marktplatz") und 2 („Küken") (**AB 16**) gespielt werden (nacheinander einsetzen).

Bilder einer Ausstellung – Improvisationen (3) **AB 18**

6. Schritt: Mit den so erarbeiteten Kompositionen lässt sich ein sehr künstlerisches musikalisches Rollenspiel gestalten.

Dieses könnte so aussehen:
Ein Kind durchwandert eine Bilderausstellung („Promenade“, **AB 15**). Doch diese Bilder sind nicht (oder nur teilweise) gemalt, sondern sie werden von verschiedenen Gruppen in entsprechender Kostümierung mimisch und gestisch zur Musik dargestellt oder getanzt (Pantomime).

Notiere in Stichpunkten ein paar Ideen, wie ihr einzelne „Bilder“ darstellen könntet, und diskutiere sie in einer Gruppe oder in der ganzen Klasse. Wenn ihr euch über die Art der Darstellung einig seid, habt ihr ein aufführungsreifes Drehbuch.

Bydlo: ....

....

....

Kind geht weiter (Zwischenspiel „Promenade“)

Küken: ....

....

....

Kind geht weiter (Zwischenspiel „Promenade“)

Markt: ....

....

....

Kind geht weiter (Zwischenspiel „Promenade“)

Baba Jaga: ....

....

....

Schluss?

Lebenslauf

Carl Maria von Weber

Carl Maria von Weber

Die Musik wurde Carl Maria von Weber, der am 18. November 1786 in Eutin (Holstein) geboren wurde, fast schon in die Wiege gelegt. Sein Vater Anton spielte Violine und Kontrabass, seine Mutter war ausgebildete Sängerin und Schauspielerin. Der Vater hatte eine eigene Theatergruppe gegründet, die „Weber'sche Schauspielergesellschaft". Mit ihr zog die Familie jahrelang von Ort zu Ort. So kam Carl Maria schon in frühem Alter mit dem Theater in Berührung. Die nachhaltigen Eindrücke, die er dabei gewonnen hat, haben sicher seine spätere Laufbahn mitgeprägt.

Von einem Stiefbruder erhielt er mit neun Jahren den ersten Klavierunterricht; das ging jedoch nicht gut. Sein Vater wollte aus ihm einen Künstler machen und ließ ihn in Malen, Zeichnen und Kupferstechen unterrichten. Carl Maria zeigte hierin eine gewisse Begabung, doch seine heimliche Liebe gehörte der Musik.
Ein Musiker der herzoglichen Kapelle, Johann Peter Heuschkel, erkannte das Talent des Zehnjährigen und unterrichtete ihn im Klavierspiel und im Tonsatz.
Ein Jahr später zog die Familie nach Salzburg, wo Carl Maria von Michael Haydn, dem Bruder von Joseph Haydn, Unterricht erhielt. Wieder ein Jahr später ging es nach München. Dort erhielt er eine weitere Ausbildung und es entstanden seine ersten Kompositionen: Klavierstücke, Lieder, eine Messe und sogar eine kleine Oper.

Im Alter von dreizehn Jahren schrieb er seine zweite Oper: „Das Waldmädchen". Wenig später kehrten die Webers nach Salzburg zurück und Carl Maria bekam erneut Unterricht bei Michael von Haydn. Inzwischen fünfzehnjährig komponierte er seine dritte Oper: „Peter Schmoll und seine Nachbarn".
Es folgten Reisen nach Norddeutschland, doch die eigentliche Hauptstadt der Musik war Wien. Dort lebten die berühmtesten Komponisten der Zeit: Joseph Haydn, Ludwig van Beethoven, Antonio Salieri und Abbé Vogler, bei dem der junge Weber Unterricht erhielt.

Vogler empfahl Weber, nicht ganz achtzehn Jahre alt, als Kapellmeister nach Breslau. Das war eine ungeheure Aufgabe für Weber. Er kümmerte sich nicht nur um die üblichen Tätigkeiten eines musikalischen Leiters einer Oper, sondern auch um die Technik, die Probenplanung und die Spielplangestaltung. Unter anderem führte er für das Orchester eine neue Sitzordnung ein: Die kräftigen Instrumente (Blechbläser, Pauken, Schlagzeug usw.) setzte er nach hinten, Streicher, Flöten und Oboen nach vorne. Diese Positionen haben noch heute ihre Gültigkeit. Auch den Taktstock für den Dirigenten führte er ein.
Solche Neuerungen passten aber einigen maßgeblichen Leuten nicht; verärgert kündigte der zwanzigjährige Weber seinen Vertrag.

Über Stationen in Stuttgart, Heidelberg und Darmstadt und nach einigen Wanderjahren als Pianist wurde er 1813 Operndirektor in Prag und im Jahre 1816 Kapellmeister am Dresdner Hoftheater.
In dieser Zeit begann er mit der Arbeit an seiner romantischen Oper: „Der Freischütz", die am 18. Juni 1821 in Berlin mit einem ungeheuren Erfolg uraufgeführt wurde.
Anfang 1826 studierte Weber seine neue Oper „Oberon" in London ein. Am 5. Juni des gleichen Jahres starb er an der damals noch unheilbaren Tuberkulose.

Weitere Werke von Carl Maria von Weber:

Die Opern „Rübezahl", „Silvana", „Euryanthe", „Die drei Pintos", zwei Sinfonien, Lieder, Messen, Klavierstücke (z. B. „Aufforderung zum Tanz") und verschiedene Orchesterstücke.

Bemerkungen zu „Der Freischütz“

Wie im Lebenslauf schon angedeutet, war Weber nicht nur ein herausragender Komponist, virtuoser Klavierspieler und Dirigent, sondern auch durch und durch Theatermann.

In Dresden kümmerte er sich um die gesamte Ausgestaltung der Oper, von Hinweisen an die Kostümbildner oder die Beleuchter bis hin zur erheblichen Einflussnahme auf die Regiearbeit.

Inhaltlich setzte er neue Akzente. Spielte man in Dresden vorrangig italienische und französische Opern, die den Gesang in den Vordergrund stellten, forderte Weber sowohl den schauspielenden Sänger als auch den singenden Schauspieler.* Das Bühnenbild, die Kostüme, die Darstellung, die Handlung und die Musik: Dies alles sollte eine Einheit bilden. Webers musikdramatische Ideen wiesen bereits auf Wagners Vorstellungen von einem Gesamtkunstwerk hin.
Diese Einleitung sei erlaubt, um das Wesen und Denken Webers als Hintergrund des „Freischütz“ deutlicher zu machen.

Eine erste Begegnung mit dem Stoff des „Freischütz“ hatte Weber bereits 1810: Die Lektüre von J. A. Apels und F. Launs „Gespensterbuch“ weckte in ihm die Idee zu einer Opernvertonung. Es blieb aber zunächst bei einem Plan.
Als er im Jahre 1817 den Mitherausgeber der Dresdner „Abendzeitung“, Johann Friedrich Kind, kennen lernte und bei diesem das „Gespensterbuch“ entdeckte, bat Weber Kind, ein Libretto für eine Oper abzufassen.
Der ursprüngliche Titel „Probeschuss“ wurde geändert in „Die Jägersbraut“, bevor die endgültige Festlegung auf „Der Freischütz“ erfolgte.
Einen besonderen Gönner fand Weber im Grafen von Brühl, dem Intendanten des königlichen Schauspielhauses in Berlin, der die Uraufführung besorgte. Vier Wochen vor der Premiere hatte Gaspare Spontini, musikalischer Generalintendant am Königshof in Berlin und erklärter Gegner Webers, seine Oper „Olympia“ mit großem Pomp und einem ungeheuren Probenaufwand herausgebracht.
So traten zwei nationale Stilrichtungen auf, die sich in ihren künstlerischen Schwerpunkten: Außenseite der Oper (Sinnenwelt) kontra Innenseite der Oper (Empfindungswelt) und Ansiedlung in „höheren“ gegenüber in „niederen“ Kreisen stark unterschieden.

Webers „Freischütz“ ist mit seinen Handlungsträgern und seinen Geschehnisabläufen eine echte Volksoper (vgl. auch „Porgy and Bess“ von Gershwin, S. 95). Das zeigt sich nicht zuletzt an den Klangfarben, die die handelnden Personen charakterisieren, und an der teilweise sehr schlichten, einprägsamen Tonsprache. So haben einige Melodien durchaus volksliedhaften Charakter. Heinrich Heine, der der Berliner Uraufführung beiwohnte, bemerkte einmal: „... hören Sie jetzt immer und ewig dieselbe Melodie, das Lied aller Lieder: den ‚Jungfernkranz‘ ... ja, ich glaube fast, die Hunde auf der Straße bellen ihn ...“
Die Handlung der Oper spielt um 1650, also kurz nach Beendigung des Dreißigjährigen Krieges in Böhmen.

---

* Weber entwickelte dabei durchaus schriftstellerische Qualitäten. Geistreiche und auch bissige Abhandlungen belegen dies. Über die italienische Oper schrieb er: *„... ward im Orchester ein Geräusch gemacht, um die Zuhörer zur Stille zu bewegen, und das in Italien Quvertüre genannt wird.“* Oder: *„Die große französische Oper erscheint ... Die Handlung spielt zwischen 12 Uhr und Mittag.“* Eine Persiflage auf die französischen Dramatiker mit ihrer Forderung nach den drei griechischen Einheiten.

1. Akt: Max, der zweite Jägerbursche, unterliegt bei einem Probeschießen. Bauer Kilian, der Gewinner, verspottet den Verlierer.
Am folgenden Tag darf Max, wenn ihm der Schuss gelingt, Agathe, die Tochter des Försters Kuno, heiraten und bekommt die Erbförsterei übertragen. Doch Max zweifelt inzwischen daran, dass ihm der Schuss gelingen wird.
Kaspar, der erste Jägerbursche, ist ein finsterer Typ, der eine Verbindung zu teuflischen Mächten hat. Er will die desolate Stimmung von Max für sich ausnutzen, da auch er ein Auge auf Agathe geworfen hat. Er gibt Max seine Büchse, mit der dieser einen Adler aus schwindelnder Höher herunterschießt. Das Geheimnis sei eine Freikugel, erklärt ihm Kaspar, die immer mit absoluter Genauigkeit ihr Ziel erreiche. Kaspar überredet Max, sich mit ihm um Mitternacht in der Wolfsschlucht zu treffen, um gemeinsam Freikugeln zu gießen. Max schöpft Hoffnung und willigt ein.

2. Akt: Agathe wartet am Abend gemeinsam mit ihrer Freundin Ännchen auf Max. Er kommt, bleibt aber nur kurz, weil er angeblich einen von ihm erlegten Hirsch aus der Wolfsschlucht holen muss. Agathe hat böse Ahnungen, aber Max lässt sich nicht aufhalten. Kaspar ist bereits vor ihm in der Wolfsschlucht. Ein Geisterchor beschwört mit obskuren Zauberformeln Unheil. Samiel, der Teufel in der Gestalt des schwarzen Jägers, erscheint. Samiel und Kaspar haben einen Pakt, in dem Kaspar sein Leben an Samiel verpfändete. Kaspar bittet den schwarzen Jäger um Fristverlängerung und verspricht ihm dafür ein neues Opfer: Max. Der soll dafür sechs Freikugeln erhalten, die siebte soll Samiel auf Agathe lenken.

3. Akt: Max hat bereits drei seiner vier Kugeln zur Probe verschossen. Er bittet Kaspar, ihm die restlichen drei zu geben. Der jedoch verschießt sie schnell und so bleibt nur noch die siebte Kugel, die der schwarze Jäger lenkt. Inzwischen wird Agathe im Forsthaus von den Jungfern als Braut geschmückt. Ännchen öffnet die Schachtel mit dem Brautkranz. Doch statt des grünen Myrtenkranzes liegt darin zum Erschrecken aller Umstehenden ein silberner Totenkranz. Dennoch wird schnell ein neuer Kranz aus weißen Rosen, die Agathe von einem Eremiten geschenkt bekam, gewunden.
Auf einer Waldlichtung soll nun der Probeschuss stattfinden. Fürst Ottokar hat als Ziel eine weiße Taube bestimmt. Kaspar ist auf einen Baum geklettert, um nach Samiel Ausschau zu halten. Dann legt Max an. Agathe schreit in höchster Aufregung. Aufgeschreckt fliegt die Taube zu dem Baum hin, der Schuss kracht, Agathe und Kaspar sinken zu Boden. Doch Agathe erwacht schnell aus ihrer Ohnmacht, die Rosen des Eremiten haben sie beschützt, während Kaspar stirbt. Als Fürst Ottokar von dem bösen Zauber um die Freikugeln erfährt, will er Max des Landes verweisen. Der weise Eremit kann den Fürsten jedoch von seinem Vorhaben abbringen. Er schlägt vor, Max ein Probejahr zuzugestehen, um nach Bewährung Agathe heiraten und die Erbförsterei übernehmen zu dürfen.

Das „Gespensterbuch" von Johann August Apel und Friedrich Laun war auch textliche Grundlage für das Musical **„The Black Rider"**. William S. Burroughs, bekannt als Autor von Geschichten aus dem Drogenmilieu, verfasste das Buch. Gesangstexte und die Musik stammen von Tom Waits, dem Rocksänger mit der „kratzigen" Stimme. Anders als bei F. A. Kind endet die Handlung hier jedoch tragisch: Die Kugel von Wilhelm (Max) trifft nach dem Willen des Teufels Käthchen (Agathe), die tot zu Boden sinkt. Wilhelm verfällt dem Wahnsinn.

Unterrichtshinweise zu „Der Freischütz“

1. Ziele und Inhalte

- die Oper: Begriffserklärung und Abgrenzung zu Operette und Musical
- die Handlung von der Oper „Der Freischütz“ kennen lernen
- Textheft zur Oper erstellen
- einen Theaterzettel entwerfen
- Lesetext „In der Wolfsschlucht“
- „Chor der unsichtbaren Geister“ hören, singen, spielen
- die Musik „In der Wolfsschlucht“ Bildern und Texten zuordnen
- den Text „In der Wolfsschlucht“ mitverfolgen
- einen Rollentext sinngestaltend vortragen („In der Wolfsschlucht“)
- Szene im Forsthaus: Das Lied und den Spielsatz „Wir winden dir den Jungfernkranz“ erlernen
- Vermutungen über den Fortgang der Geschichte anstellen
- Lied und Spielsatz zum Jägerchor erlernen

♪ **Hörbeispiel**

HB 33, 34
HB 35–41
HB 42, 43

---

2. Arbeitsvorschläge

- **Motivation**

Folie vom Bild auf **AB 1** ziehen, dazu Tafelanschrieb: Oper, Operette, Musical.

Die Schüler/innen versuchen die drei Begriffe den Abbildungen zuzuordnen. Sicher haben sie bestimmte Vorstellungen darüber, was ein Musical ist. Erklärt man ihnen, dass die Operette eine Vorform des Musicals ist, können sie die Begriffe vermutlich anhand von Kleidung, Musik und Handlung zuordnen.

- **Erarbeitung**

Nachdem die Schüler/innen schon eine grobe Vorstellung von den Begriffen „Oper“ „Operette“ und „Musical“ haben, wird **AB 1** ausgeteilt und gelesen. Die Schüler/innen markieren wichtige Begriffe. Als Lernzielkontrolle ist **AB 2** einzusetzen.

Die Schüler/innen werden nun mit der Handlung einer Oper vertraut gemacht (**AB 3**). Um das Textheft zu „Der Freischütz“ (**AB 5/6**) erstellen zu können, sollten alle vorkommenden Namen unterstrichen werden.

Gemeinsam werden die Namen an der Tafel festgehalten und näher erklärt (in der Reihenfolge von **AB 3**).

Tafelanschrieb:

Kilian	–	ein reicher Bauer
Max	–	zweiter Jägerbursche
Agathe	–	Tochter des fürstlichen Erbförsters
Kuno	–	fürstlicher Erbförster
Kaspar	–	erster Jägerbursche
Ännchen	–	Agathes Freundin
Samiel	–	der schwarze Jäger
ohne Namen	–	ein Eremit (Einsiedler)
Ottokar	–	Fürst

AB 4 wird als Hausaufgabe ausgeteilt. Die Schüler/innen versuchen, den Theaterzettel anhand von **AB 3** zu vervollständigen.

Den Schüler/innen macht es sicherlich Spaß, ein Textheft zur Oper zu erstellen. Dazu müssen **AB 5** und **6** als Vor- und Rückseite kopiert werden. Die Ränder werden abgeschnitten. Die Schüler/innen falten das Blatt mittig, jeweils längs und quer, schneiden es am Querfalz und tackern es am Längsfalz.

Die Umschlagseite soll von den Schüler/innen frei gestaltet werden.

Möglicher Titelentwurf:

Der Freischütz
Oper in 3 Akten

von
Carl Maria von Weber

Die sicherlich interessanteste Szene der Oper ist die in der Wolfsschlucht. Die Handlung wird auf **AB 7** beschrieben und die Zeichnung mit den Schüler/innen besprochen.

Dazu wird **AB 8** „Chor der unsichtbaren Geister" ausgeteilt (**HB 33**). Die Schüler/innen singen ihn. Er ist recht leicht nachzusingen, da er rezitativisch auf zwei Tönen basiert (die Schüler/innen singen eine Oktave tiefer).

Man kann die Klasse in 4 Gruppen einteilen:

1. Gruppe :	singt den Text
2. Gruppe :	singt U – hui
3. Gruppe :	spielt Bass-Xylofon
4. Gruppe :	spielt Glockenspiel und Xylofon
ein Schüler :	simuliert die Uhrenschläge mit dem Triangel

Ebenso einfach ist das Mitspielen zur CD, da das Tempo sehr langsam ist. Den Einsatz bekommen die Schüler/innen leicht, wenn sie auf die chromatische Abwärtsbewegung des Cellos und des Basses achten.

Die Schüler/innen hören **HB 34** (Kugelsegen). Danach werden **AB 9** und **10** ausgeteilt, sodass der Text mitverfolgt werden kann. Die Schüler/innen können auch leise mitsprechen.

Nun werden die Kärtchen von **AB 10** ausgeschnitten und die Hörbeispiele **35–41** vorgespielt. Die Schüler/innen legen die Kärtchen in der Reihenfolge des Gehörten. Zum Schluss werden die Kärtchen beim nochmaligen Anhören von **HB 34** an die richtigen Stellen von **AB 9** und **10** gelegt und geklebt.

Ein Abschluss zur Erarbeitung der Szene „In der Wolfsschlucht" könnte der Rollentext (**AB 11/12**) sein. Die Schüler/innen versuchen den Text sehr betont zu sprechen und Spannung zu erzeugen. Dazu kann **HB 33** („Chor der unsichtbaren Geister") eingespielt werden. Die Schüler/innen können den Text aber auch ohne CD singen und spielen.
Zum Schluss des Textes spricht Kaspar den Kugelsegen (**AB 9**). Die Schüler/innen versuchen, den Text zu sprechen und die Hörbeispiele **35–41** einzuflechten. Kommt dabei eine schön-schaurige Darstellung heraus, kann diese, mit einer textlichen Einführung versehen, gut anlässlich einer Feier oder eines Festes aufgeführt werden.

Die Forsthaus-Szene wird auf **AB 13** geschildert. Die Schüler/innen hören **HB 42** („Wir winden dir den Jungfernkranz ..."), verfolgen den Text mit und singen dazu (Spielsatz **AB 14/15**).

Das Ende der Jagd wird auf **AB 16** als Erzählbild vorgestellt. Die Schüler/innen versuchen anhand der Zeichnung die gestellten Fragen zu beantworten. Als Hilfe können sie **AB 3** hinzunehmen.
Das Hörbeispiel **43** wird vorgespielt. Der Text kann durch die Schüler/innen auf **AB 17** mitverfolgt werden. Bevor **AB 17** ausgeteilt wird, sollen die Schüler/innen die hervortretenden Instrumente heraushören. Die Instrumententeile werden nun ausgeschnitten und richtig zusammengesetzt.
Dann kann der Spiel- und Chorsatz zum „Jägerchor" (**AB 18–20**) einstudiert werden.

Der Freischütz – Begriffserklärungen **AB 1**

Die **Oper** ist eine Geschichte mit meist ernstem Inhalt. Sie wird auf der Bühne szenisch dargestellt. Vor der Bühne, im so genannten Orchestergraben, sitzt das Orchester. Die Musiker begleiten die Sänger. Die Lieder, die von einem Sänger oder einer Sängerin vorgetragen werden, nennt man *Arien*. Es gibt aber auch Stücke, die in einer Art Sprechgesang vorgetragen werden: die *Rezitative*. Zwei Sänger bilden ein *Duett*, drei ein *Terzett* und vier ein *Quartett*. Viele Sänger bilden den Chor. Auch ein Ballett tritt in vielen Opern auf.
Zu Beginn einer Oper, der Vorhang ist noch nicht geöffnet, spielt das Orchester allein. Ein solches Instrumentalstück wird *Ouvertüre* (Eröffnung) genannt.

In der **Operette** („kleine Oper“) ist die Handlung vorwiegend heiter und unterhaltsam. Es wird in der Operette nicht nur gesungen, sondern auch viel gesprochen und getanzt. Die Operette bildete den Ausgangspunkt für die Entstehung des Musicals.

Das **Musical** (musikalisches Schauspiel, Musik-Komödie) ist am Anfang des 20. Jahrhunderts in Amerika entstanden. Die Musik ist eine Mischung aus Jazz, Popmusik, Folklore, Rockmusik, aber auch zuweilen klassischen Elementen. Es wird gesungen, gesprochen und viel getanzt. Die Musicaldarsteller müssen gleichzeitig Sänger, Tänzer und Schauspieler sein, eine hohe Anforderung.

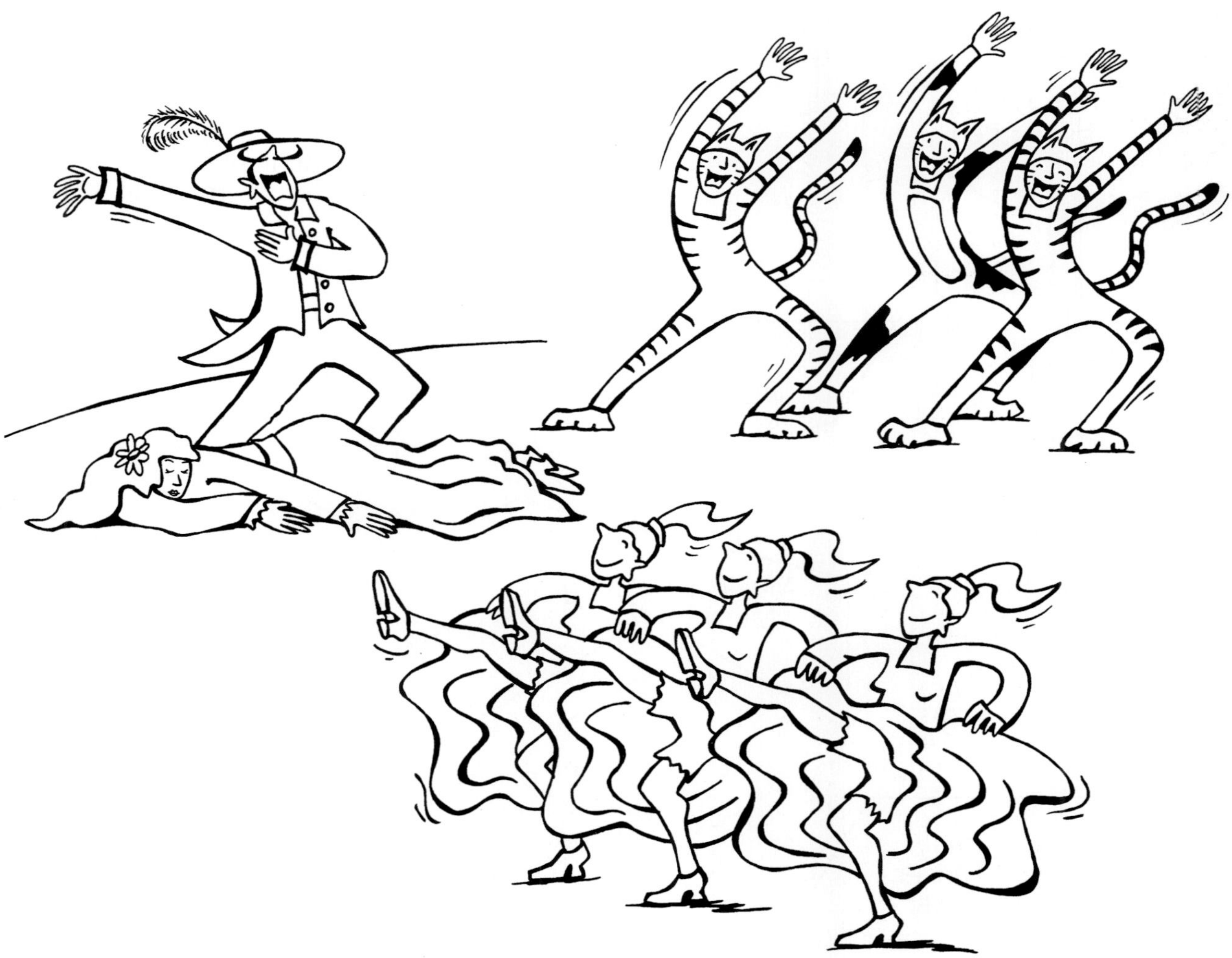

Der Freischütz – Text-Puzzle

AB 2

Arbeitsauftrag: Schneide die Teile aus, setze sie richtig zusammen und klebe sie auf. Immer zwei Teile passen zusammen.

Orchestergraben

Instrumentale Eröffnungs-musik

Platz des Orchesters vor der Bühne

Musical

Handlung ist vorwiegend heiter und unterhaltsam

Operette

Rund um

OPER
OPERETTE
MUSICAL

Entstand aus der Operette

Viele Sänger bilden den

Musikalische Geschichte mit meist ernstem Inhalt

Ouvertüre

Gesungenes Lied in einer Oper

Oper

Arie

Drei Sänger bilden ein

Musical-Musik

Chor

Terzett

Eine Mischung verschiedener Stilrichtungen

Gleichzeitig Sänger, Tänzer, Schauspieler

Musical-Darsteller

Der Freischütz – Lesetext

AB 3

„Der Freischütz“ ist eine romantische Oper in drei Akten.
Den Text – das so genannte Libretto – verfasste Johann Friedrich Kind und die Musik dazu komponierte Carl Maria von Weber.

Die Handlung der Oper:

1. Akt: Bei einem Probeschießen gewinnt der reiche Bauer Kilian. Max, der zweite Jägerbursche, unterliegt. Er ist ziemlich verzweifelt, denn nur wenn sein Schuss am nächsten Tag gelingt, darf er Agathe, die Tochter des fürstlichen Erbförsters Kuno, heiraten und wird damit Besitzer der Försterei.

Kaspar, der erste Jägerbursche, überredet Max, zusammen mit ihm um Mitternacht Freikugeln zu gießen, die immer ihr Ziel treffen.

2. Akt: Am Abend wartet Agathe mit ihrer Freundin Ännchen auf Max. Dieser kommt kurz vorbei, geht aber schnell wieder, um einen angeblich von ihm erlegten Hirsch in der Wolfsschlucht zu holen. Agathe hat ein ungutes Gefühl, doch Ännchen beruhigt sie.

Kaspar ist bereits vor Max in der Wolfsschlucht und auch Samiel, der schwarze Jäger, erscheint. Kaspar und Samiel haben einen Pakt. Kaspar muss Samiel, um sein Leben zu verlängern, ein neues Opfer zuführen. Das soll Max sein, der dafür sechs Freikugeln erhalten soll. Eine siebte soll durch Samiel auf Agathe gelenkt werden.

3. Akt: Kaspar gibt Max jedoch nur vier Kugeln, von denen dieser zum Test drei verschießt. Drei weitere werden dann von Kaspar absichtlich schnell verschossen, sodass nur noch die siebte übrig bleibt. Inzwischen wird Agathe als Braut geschmückt. Doch anstatt des grünen Myrtenkranzes liegt ein silberner Totenkranz in einer Schachtel. Alle sind erschrocken, doch rasch wird ein neuer Kranz aus weißen Rosen gewunden, die ein Eremit (Einsiedler) Agathe geschenkt hat.

Nun soll der Probeschuss stattfinden. Ottokar, der böhmische Fürst, hat eine weiße Taube als Ziel ausersehen. Kaspar klettert auf einen nahe stehenden Baum, um nach Samiel Ausschau zu halten. Als Max anlegt, schreit Agathe vor lauter Angst, die Taube fliegt erschrocken auf den Baum zu und der Schuss kracht. Die Kugel hat Kaspar tödlich getroffen, während die weißen Rosen Agathe beschützt haben.

Als Fürst Ottokar von dem dunklen Spuk erfährt, will er Max des Landes verweisen. Der Eremit legt jedoch Fürsprache für Max ein, sodass diesem ein Jahr zur Bewährung zugestanden wird. Dann darf er Agathe heiraten und die Försterei übernehmen.

Das Opernhaus

präsentiert am

Eintritt:

Text:

Musik:

Personen:

Kilian

zweiter Jägerbursche

Agathe

Kuno

Kaspar

eine Freundin Agathes

Samiel

ohne Namen

ein Eremit (Einsiedler)

Fürst

Arbeitsauftrag:
Lies den Text von **AB 3**. Fülle die Leerzeilen aus (z. B. Kilian – Bauer) und male ein passendes Bild in den Rahmen.

Der Freischütz – Textheft zur Oper (1) AB 5

__________ und ihre Freundin __________ treffen abends im Forsthaus Vorbereitungen für die Hochzeit. __________ erscheint kurz, gibt aber vor, noch einen von ihm erlegten Hirsch in der Wolfsschlucht holen zu müssen, und verabschiedet sich schnell. Böse Ahnungen überkommen __________, doch __________ versucht, ihr diese auszureden.

4

__________ ist bereits vor __________ in der Wolfsschlucht. Auch __________, der schwarze Jäger, hat sich eingefunden, mit dem __________ einen Vertrag über sein Leben hat. Um es für drei Jahre zu verlängern muss __________ ein neues Opfer bringen. Das soll __________ sein. __________ gewährt dafür sieben Freikugeln, wobei er die siebte selbst bestimmen will.

5

Nun beginnt ein großes Fest. Fürst __________ hat entschieden, den Probeschuss auf eine weiße Taube abzufeuern. __________ klettert auf einen Baum, um __________ zu erspähen. __________ legt an. __________ schreit auf und verschreckt damit die Taube, die auf den Baum zufliegt. Die Kugel trifft __________.

Fürst __________ erfährt von dem dunklen Treiben. Er ist zunächst erbost darüber, gewährt ________ dann aber ein Probejahr, nach welchem dieser __________ heiraten darf.

8

1

Der Freischütz – Textheft zur Oper (2) **AB 6**

3

In seiner Verzweiflung trifft __________ den ersten Jägerburschen __________________.

Dieser erzählt ihm von Freikugeln, die immer ihr Ziel erreichen.

____________ willigt ein, sich mit ________________ um Mitternacht in der Wolfsschlucht zu treffen, um solche Kugeln zu gießen.

6

________________ hat seinem Kumpel vier der Kugeln gegeben. ______________ verschießt drei davon, um die Treffsicherheit auszuprobieren – mit Erfolg.

Als er ________________ bittet, ihm die drei übrig gebliebenen Kugeln zu geben, verschießt dieser stattdessen den Rest auf Kleingetier in der Landschaft.

Es bleibt noch eine Kugel, die siebte.

Bei einem Wettschießen gewinnt der reiche Bauer ______________. ________, der zweite Jägerbursche, verfehlt das Ziel. Doch am nächsten Tag muss er treffen, denn nur so bekommt er _________________, die Tochter des Försters ____________, zur Frau. Außerdem darf er dann auch die Försterei übernehmen.

2

Im Forsthaus wird _________________ inzwischen als Braut geschmückt. Als man die Schachtel mit dem Brautkranz öffnet, liegt darin eine Totenkrone. Schnell winden die Brautjungfern einen neuen Kranz aus den geweihten Rosen, die ____________ von einem Eremiten geschenkt wurden. Diese Blumen sollen sie beschützen.

7

In der Wolfsschlucht

Max verfolgt das Jägerpech. Nur wenn ihm der Probeschuss gelingt, darf er Agathe heiraten und die Erbförsterei in Besitz nehmen.
Kaspar, ein anderer Jägerbursche, liebt Agathe heimlich. Sie mag ihn aber nicht. So verfolgt Kaspar ein übles Ziel, das er mithilfe von Samiel, dem schwarzen Jäger, erreichen will. Die beiden haben einen Pakt geschlossen, wonach Kaspar, um sein eigenes Leben um drei Jahre zu verlängern, Samiel eine Menschenseele zuführen muss.

Max sieht in einer unfehlbar treffenden Freikugel die einzige Chance, einen gelungenen Schuss abzugeben. Er willigt daher ein, sich mit Kaspar gegen Mitternacht in der Wolfsschlucht zu treffen. Dort sollen solche Bleikugeln gegossen werden.
Das Ziel von sechs Freikugeln kann der Schütze selbst bestimmen, die siebte wird von Samiel gelenkt. Mit ihr soll Agathe getroffen werden.

Kaspar ist in der Wolfsschlucht. Während er auf Max wartet, legt er aus schwarzen Steinen einen Kreis. In der Mitte des Kreises liegt ein Totenkopf. Man hört den Chor der unsichtbaren Geister (**HB 33**).

Der Freischütz – Chor der unsichtbaren Geister

HB 33 **AB 8**

Arbeitsaufträge: 1. Sprecht oder singt den Text zum Hörbeispiel.
2. Spielt dazu auf Instrumenten.
3. Ahmt Windgeräusche durch Pfeifen und Summen nach.

Der Freischütz – Szene in der Wolfsschlucht (1)

HB 34, 35–41 | **AB 9**

Arbeitsaufträge:

1. Höre dir die Musik an (**HB 34**) und verfolge sie anhand des Textes.
2. Schneide die Kärtchen von **AB 10** aus und klebe sie an die entsprechenden Stellen. Höre dazu auch **HB 35–41**.

Kaspar spricht den Kugelsegen:

Schütze, der im Dunkeln wacht,
Samiel, Samiel, hab Acht!

Steh mir bei in dieser Nacht,
bis der Zauber ist vollbracht!

Salbe mir so Kraut als Blei!
Segn'es sieben, neun und drei,

dass die Kugel tüchtig sei!
Samiel, Samiel, herbei!

Kaspar gießt und lässt die Kugel aus der Form fallen:

Eins! Echo: **Eins Eins!**

Kaspar gießt die zweite Kugel und zählt:

Zwei! Echo: **Zwei Zwei!**

Kaspar stutzt und zählt:

Drei! Echo: **Drei Drei!**

Kaspar zählt ängstlich:

Vier! Echo: **Vier Vier!**

Kaspar zählt immer ängstlicher:

Fünf! Echo: **Fünf Fünf!**

Der Freischütz – Szene in der Wolfsschlucht (2)

HB 34, 35–41 **AB 10**

Der unsichtbare Chor singt:

Durch Berg und Tal, durch Schlund und Schacht,
durch Tau und Wolken, Sturm und Nacht!
Durch Tau und Wolken, Sturm und Nacht!

Kaspar schreit:

Wehe, das wilde Heer!

Durch Höhle, Sumpf und Erdenkluft,
durch Feuer, Erde, See und Luft,
joho, wau wau, joho, wau wau,
joho! ho! ho! ho! ho! ho! ho!

Kaspar ängstlich:

Sechs! Wehe! Echo: **Wehe! Sechs!**

Kaspar zuckend und schreiend:

Samiel! Hilf! Echo: **Samiel! Hilf!**

Sieben! Echo: **Sieben!**

Max schreit voller Angst:

Samiel!

Samiel mit furchtbarer Stimme:

Hier bin ich!

Es folgt Hundegebell, Nebelgestalten von Jägern zu Fuß und zu Pferde.

Waldvögel kommen herunter. Sie hüpfen und flattern.

Man hört Rasseln, Peitschenknall und Pferdegetrappel.

Ein Sturm kommt auf, beugt und bricht die Wipfel der Bäume.

Die Uhr schlägt eins. Langsam kehrt Stille ein.

Ein schwarzer Eber jagt vorüber.

Gewitterwolken treffen krachend zusammen. Flammen schlagen aus der Erde. Irrlichter zeigen sich.

Der Freischütz – Rollentext (1)

HB 33, 35–41 AB 11

In der Wolfsschlucht

Erzähler: Im Tal der Unheimlichkeit liegt die Wolfsschlucht. Graue, rissige Felswände schlucken das milchige Licht des Mondes. Hier hausen die unsichtbaren Geister, die im Chor ihre beschwörenden Zauberformeln singen.

Chor der Geister: (**HB 33, AB 8**)
Milch des Mondes fiel aufs Kraut!
U-hui! U-hui!
Spinnweb ist mit Blut betaut!
U-hui! U-hui!
Eh noch wieder Abend graut –
U-hui! U-hui!

Erzähler: Ein Wasserfall stürzt von einem der Felsen und spiegelt in seinem ewig gleichen Geräusch die Unendlichkeit. Bedrohlich nähern sich aus verschiedenen Richtungen zwei Gewitter, die sich über der Schlucht entladen wollen. Auf einem Ast eines verdorrten und zerfurchten Baumes sitzt als stumme Zeugin des Schauders eine Eule mit feurigen Augen. Auf den Zacken des Felsgesteins ducken sich nachtschwarze Raben in Erwartung des Unheils.

Chor der Geister: (**HB 33, AB 8**)
Ist sie tot, die zarte Braut!
U-hui! U-hui!
Eh noch wieder sinkt die Nacht,
ist das Opfer dargebracht!
U-hui! U-hui! U-hui!

Erzähler: Mit schwarzen Steinen legt Kaspar einen Kreis, in dessen Mitte ein Totenkopf liegt, daneben eine Gießkelle und eine Kugelform. Als die Uhr aus der Ferne die zwölfte Stunde schlägt, ist der Kreis fertig.

Kaspar: Samiel! Samiel! Erschein!
Bei des Zaubrers Hirngebein!
Samiel! Samiel! Erschein!

Samiel: Du rufst mich?

Kaspar: Du weißt, dass meine Lebensfrist abgelaufen ist.

Samiel: Ja, morgen!

Kaspar: Bitte, verlängere unsern Vertrag.

Samiel: Nein!

Der Freischütz – Rollentext (2)

HB 34, 35–41 | AB 12

Kaspar: Bitte ... ich bringe dir dafür ein neues Opfer. Max, mein Jagdgeselle wird gleich hier erscheinen.

Samiel: Und was will er hier?

Kaspar: Alle seine Hoffnung setzt er auf die Freikugeln.

Samiel: Sechse treffen, sieben äffen!

Kaspar: Die siebente sollst du auf Agathe lenken. Das wird ihn und den Vater zur Verzweiflung bringen. Bekomme ich die Frist wieder auf drei weitere Jahre verlängert?

Samiel: Wir werden sehn! Bei den Pforten der Hölle: Morgen er oder du!

Erzähler: Endlich kommt auch Max. Voll angsterfüllter Träume erscheinen ihm seltsame Figuren – eine weiß verschleierte Gestalt, in der er seine im Sarg liegende Mutter zu erkennen glaubt. Dann Agathe, die mit aufgelösten Locken und mit Laub und Stroh behängt einer Wahnsinnigen gleicht.

Kaspar: Du bist ein Hasenfuß. Komm, tritt näher, aber betritt nicht den steinernen Kreis!

Max: Oh, wie wird das enden?

Kaspar: Still – die Zeit ist kostbar! Ich nehme nun die Gießkelle; schau nur genau zu, was ich da hineinwerfe, damit du auch die Kunst des Kugelgießens erlernst.
Hier erst das Blei, etwas gestoßenes Glas von zerbrochenen Kirchenfenstern, etwas Quecksilber, dann drei Kugeln, die schon einmal getroffen haben. Dazu das rechte Auge eines Wiedehopfes und das linke eines Luchses. Und nun der Kugelsegen (**HB 34, AB 9 + 10**).

Der Freischütz – Szene im Forsthaus

HB 42 **AB 13**

Als Kaspar Max das erste Mal erzählt, was es mit den Freikugeln auf sich hat, glaubt Max das zunächst nicht. Doch zum Beweis gibt Kaspar ihm eine davon. Mit dieser schießt Max – es ist schon Dämmerung, die Turmuhr schlägt gerade sieben – einen Bergadler aus großer Höhe. Das überzeugt ihn.
Um diese Zeit sitzen Agathe und Ännchen im Forsthaus. Gleichzeitig mit dem Schuss fällt das Bild des Urgroßvaters von Kuno, dem fürstlichen Erbförster, von der Wand. Es verletzt Agathe am Kopf. Sie hatte ohnehin böse Ahnungen. Ännchen versucht sie aufzuheitern. Endlich kommt Max, doch er bleibt nicht lange. Angeblich müsse er noch einen von ihm erlegten Hirsch aus der Wolfsschlucht holen. Agathe und Ännchen bitten ihn inständig, nicht dorthin zu gehen. Agathe hat düstere Vorahnungen, doch Max folgt ihrem flehentlichen Bitten nicht.
Am nächsten Morgen unterhalten sich Agathe und Ännchen über das gewaltige Unwetter in der Nacht. Agathe schildert einen wunderlichen Traum:

> *„Mir träumte, ich sei in eine weiße Taube verwandelt und fliege von Ast zu Ast. Max zielte nach mir, ich stürzte; aber nun war die weiße Taube verschwunden. Ich war wieder Agathe und ein großer, schwarzer Raubvogel wälzte sich im Blute.“*

Ännchen tröstet sie, es sei doch nur ein Traum gewesen, und geht den Brautkranz holen. Nun kommen schon die Brautjungfern mit einem fröhlichen Lied (**HB 42**):

① *Wir winden dir den Jungfernkranz*
mit veilchenblauer Seide;
wir führen dich zu Spiel und Tanz,
zu Glück und Liebesfreude!

Schöner grüner, schöner grüner
Jungfernkranz,
veilchenblaue Seide, veilchenblaue
Seide!

② *Lavendel, Myrt' und Thymian,*
das wächst in meinem Garten;
Wie lang bleibt doch der Freiersmann?
Ich kann es kaum erwarten.

Schöner grüner, schöner grüner
Jungfernkranz,
veilchenblaue Seide, veilchenblaue
Seide!

③ *Sie hat gesponnen sieben Jahr*
den goldnen Flachs am Rocken;
die Schleier sind wie Spinnweb klar
und grün der Kranz der Locken.

Schöner grüner, schöner grüner
Jungfernkranz,
veilchenblaue Seide, veilchenblaue
Seide!

④ *Und als der schmucke Freier kam,*
warn sieben Jahr verronnen;
und weil sie der Herzliebste nahm,
hat sie den Kranz gewonnen.

Schöner grüner, schöner grüner
Jungfernkranz,
veilchenblaue Seide, veilchenblaue
Seide!

Ännchen kommt mit der Schachtel zurück und übergibt sie Agathe. Diese hebt den Deckel und erblasst vor Schreck. Liegt doch vor ihr ein silberner Totenkranz. Selbst Ännchen ist nun etwas verstört. Sie nimmt als Ersatz die weißen Rosen, die der fromme Eremit Agathe geschenkt hat, um daraus einen Kranz zu flechten.

Der Freischütz – Lied und Spielsatz „Brautjungfernchor“ (1)

HB 42 AB 14

* Stimme 3 kann auch im Rhythmus der Melodie mit Tamburin und Triangel begleitet werden.

Der Freischütz – Lied und Spielsatz „Brautjungfernchor“ (2)

HB 42 **AB 15**

* Weitere Strophen siehe **AB 13**.

Der Freischütz – Erzählbild AB 16

Das Ende der Jagd

Die Jäger feiern mit ihrem Fürsten Ottokar ein fröhliches Fest.
Der Jägerchor singt über die Freuden der Jagd (**HB 43**).
Max soll nun seinen Probeschuss abgeben. Das Ziel soll eine weiße Taube sein.

Arbeitsaufträge:

1. Wie könnte die Geschichte weitergehen?

   Betrachte dazu das Bild und versuche mithilfe von **AB 3** die folgenden Fragen zu beantworten:

   a) Wer lenkt die 7. Kugel? ....

   b) Wen soll die 7. Kugel treffen? ....

   c) Wer wird von der 7. Kugel getroffen? ....

2. Max erzählt dem Fürsten vom Gießen der Freikugeln. Dieser ist erbost.
   Wie könnte die Geschichte enden? Darf Max Agathe heiraten? Wird Max bestraft?

   ....

   ....

   ....

   ....

   ....

Der Freischütz – Liedtext „Jägerchor“

HB 43 **AB 17**

Arbeitsaufträge:

1. Verfolge das Lied anhand des Textes

Was gleicht wohl auf Erden dem Jägervergnügen?
Wem sprudelt der Becher des Lebens so reich?
Beim Klange der Hörner im Grünen zu liegen,
den Hirsch zu verfolgen durch Dickicht und Teich,
ist fürstliche Freude, ist männlich Verlangen,
erstarket die Glieder und würzet das Mahl.
Wenn Wälder und Felsen uns hallend umfangen,
tönt freier und freudger der volle Pokal!
Jo ho! Tralalalala!

Diana ist kundig, die Nacht zu erhellen,
wie labend am Tage ihr Dunkel uns kühlt.
Den blutigen Wolf und den Eber zu fällen,
der gierig die grünenden Saaten durchwühlt,
ist fürstliche Freude, ist männlich Verlangen,
erstarket die Glieder und würzet das Mahl.
Wenn Wälder und Felsen uns hallend umfangen,
tönt freier und freudger der volle Pokal!
Jo ho! Tralalalala!

2. Welche Instrumente hörst du?

3. Schneide die Instrumententeile aus und setze sie richtig zusammen.

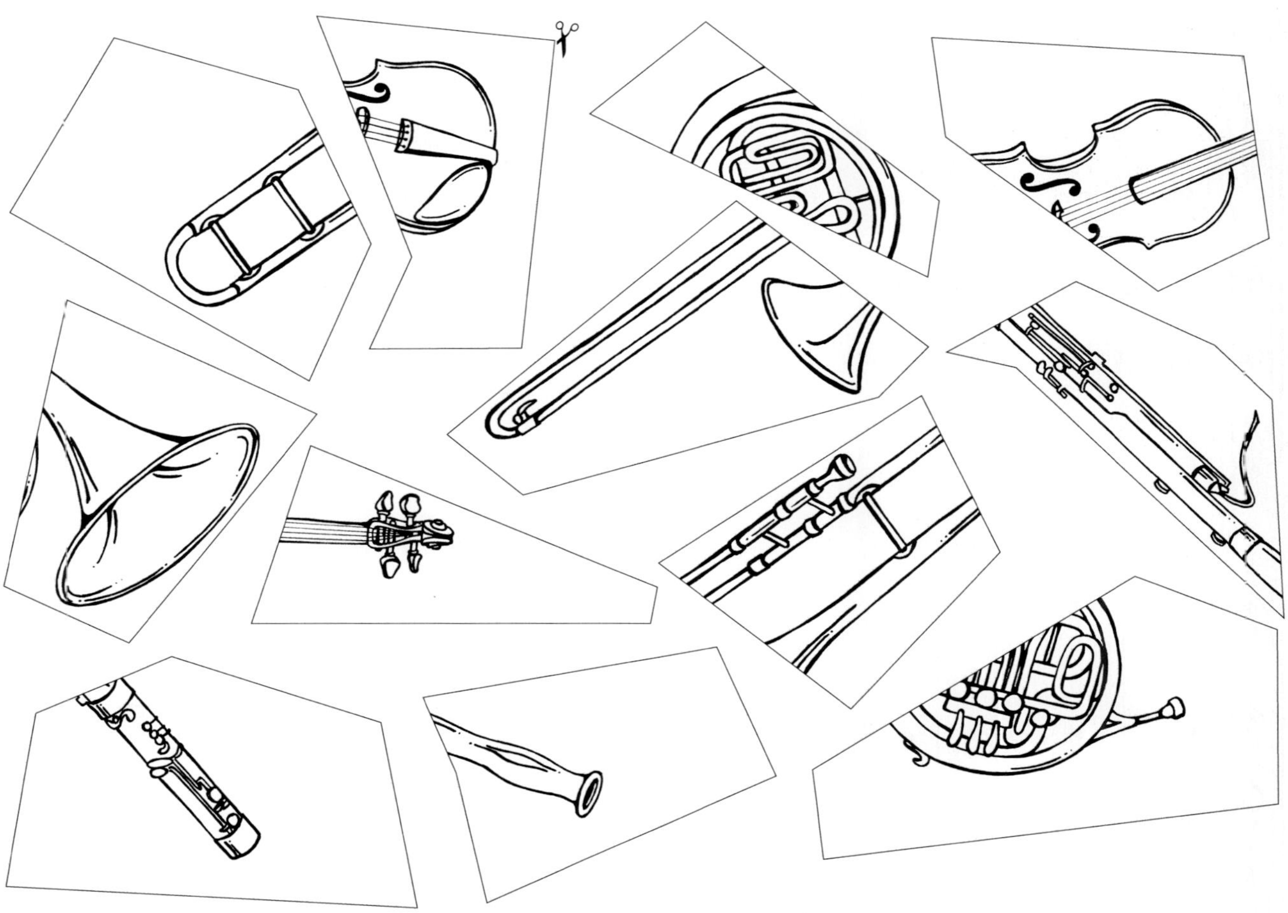

Der Freischütz – Lied und Spielsatz „Jägerchor“ (1)

HB 43 AB 18

Der Freischütz – Lied und Spielsatz „Jägerchor“ (2)

HB 43 AB 19

Der Freischütz – Lied und Spielsatz „Jägerchor“ (3)

HB 43 **AB 20**

Anmerkungen: – Stimmverteilung bei Keyboardeinsatz:

1. Stimme: Trompete
2./3. Stimme: Hörner
4. Stimme: Tuba

– Falls möglich: Klavierbegleitung ergänzen.

George Gershwin

George Gershwin

Der Vater von George Gershwin hieß eigentlich Moritz Gerschowitz. Er ist in Russland geboren und wanderte im Alter von 22 Jahren nach Amerika aus. Er heiratete Rose Bruskin, die ebenfalls aus einer Einwandererfamilie stammte. Irgendwann nannte sich Moritz Gerschowitz dann etwas amerikanischer, nämlich Morris Gershwin. Unter diesem Familiennamen kamen auch seine vier Kinder zur Welt: die Söhne Ira (1896), George (am 26. September 1898 in New York), Arthur (1900) und die Tochter Frances (1906).

George war kein musikalisches Wunderkind, wie man das von vielen anderen Komponisten kennt. Er war eher das Gegenteil: ein richtiger Gassenjunge, der mit seinen Kameraden raufte und anderen Streiche spielte. Er liebte Baseball und lief leidenschaftlich gerne Rollschuh. Mit Musik hatte er nichts am Hut, bis zu dem Tag, als er zum ersten Mal Schlager aus einem Münzautomaten hörte. Das faszinierte ihn so sehr, dass er immer wieder dorthin ging um diese Musik zu hören.

Er begann auf dem Klavier eines Freundes zu üben und erfand schon die ersten eigenen Melodien. Als George zwölf Jahre alt war, schafften seine Eltern ein Klavier für den größeren Bruder Ira an. Da dieser aber offensichtlich keine besondere musikalische Begabung hatte, bemächtigte sich der kleine Bruder des Instruments. Von da an waren Sport und Balgen nur noch Nebensache. George übte und spielte in jeder freien Minute und das mit einem solchen Talent, dass ihm seine Eltern bald einen geregelten Klavierunterricht ermöglichten. Die Lehrer erteilten ihm Klavierstunden mit klassischer europäischer Musik. Er fand das zwar interessant, aber sein Ziel war etwas typisch Amerikanisches in die Musik zu bringen.

Mit fünfzehn verließ er die Handelsschule und begann als „Song-Plugger“ für einen Musikverlag in der Tin Pan Alley (Zinn-Pfannen-Allee) im Zentrum von New York zu arbeiten. Ein Plugger hatte die Aufgabe, einem interessierten Publikum, vor allem Sängern, Musikern und Kapellmeistern, auf dem Klavier das neueste Notenmaterial vorzustellen und es zu verbreiten, denn Radio und Tonträger gab es zu dieser Zeit noch nicht. Er verdiente mit dieser Tätigkeit immerhin 60 Dollar im Monat und lernte nebenbei, wie man gute Unterhaltungsmusik macht. Nach zwei Jahren wurde auch endlich sein erster Song gedruckt. Es sollten insgesamt einige hundert werden.

1917 gab er diesen Job auf, um an verschiedenen Revue-Theatern zu arbeiten. Seine außergewöhnliche Begabung als Pianist und sein Talent zum Improvisieren sprachen sich schnell herum. Zunehmend bekam er Aufträge, einzelne Lieder für Musicals zu komponieren (die Texte stammten teilweise von seinem Bruder Ira). Sein erster großer Erfolg war der Schlager „Swanee“ (1920), aber Gershwin wollte noch mehr erreichen. Nicht umsonst hatte er schließlich in leidigen Klavierstunden die klassischen Meister gespielt und studiert. So versuchte er in seiner Musik Jazz und klassische Elemente zu verbinden. Innerhalb von nur drei Wochen komponierte er in diesem Stil seine „Rhapsody in Blue“ (1924), die ein Welterfolg wurde und Gershwin ein Vermögen einbrachte.
Ein Jahr später schrieb er ein Klavierkonzert mit dem Titel „Concerto in F“. Nebenher produzierte er ständig Songs für Musicals.
Eine Reise nach Paris brachte ihn auf die Idee zu seinem Orchesterwerk „An American in Paris“. Die Uraufführung in einem Stadion zog immerhin 17 000 Zuschauer an.
Bereits zuvor hatte er die Idee eine Oper zu schreiben. Inspiriert durch den Roman „Porgy“, den er mit Begeisterung gelesen hatte, stellte er 1935 „Porgy und Bess“ fertig. Das war der Höhepunkt seines musikalischen Schaffens.
Gershwin starb am 11. Juli 1937 an einem Gehirntumor.

Weitere Werke Gershwins:

- „Cuban Overture“ für Orchester
- die Musicals: „La-La-Lucille“, „Lady, Be Good“, „Oh, Kay!“, „Strike Up The Band“, „Show Girl“, „Girl Crazy“ etc.
- mehrere Filmmusiken
- Songs: „Somebody Loves Me“, „The Man I Love“, „Fascinating Rhythm“, „I Got Rhythm“, „S’Wonderful“

Bemerkungen zu Gershwins Werken

Welcher Gegensatz! In Europa die Zwölftonmusik: abstrakt, intellektuell, konstruiert; auf der anderen Seite des „großen Teiches" Gershwins Musik: voll von Leben, angeregt durch andere Komponisten seiner Zeit, und vor allem durch den Jazz – bis heute und weltweit aktuell.
Gershwin war Melodiker und er erfand Musik, die an die Texte angepasst und besonders einprägsam ist. Viele seiner Songs sind Ohrwürmer. Er war ein Klaviervirtuose, die Hörbeispiele zu „Fascinatin' Rhythm" (**HB 51**) und „I've got Rhythm" (**HB 52**) belegen dies.

Gershwins Leben in der Großstadt und sein Wille, eine eigenständige amerikanische Musik zu schaffen, die eine Verbindung zwischen Jazz und Sinfonie herstellt, sie sogar vereinigt, bestimmten sein Werk. Elemente aus beiden, aber keine eindeutige Zuordnung zu Jazz oder Sinfonie – seltsam, aber gerade diese Konstellation macht den Reiz, ja das Besondere dieser Musik aus.

Rhapsody in Blue

Formal greift Gershwin vorrangig auf die ungebundene Reihung (Rhapsodie) zurück. Übergänge werden „nicht ausformuliert", sondern mit einem neuen Einfall wird das Stück fortgeschrieben. Diese Art des Komponierens und Gershwins Begabung zur spontanen Erfindung ermöglichten es ihm relativ schnell zu arbeiten. Die „Rhapsody in Blue" hatte er innerhalb von nur drei Wochen fertig gestellt.
Gershwin sollte an einem von dem bekannten Bandleader Paul Whiteman geplanten Konzert mit sinfonischem Jazz teilnehmen und ein Jazzkonzert schreiben. Als Whiteman am 3. Januar 1924 dafür eine Meldung in der Zeitung veröffentlichte, war Gershwin unter Druck, seine Komposition, mit der er erst am 7. Januar begann, rasch zu Ende zu bringen. Am 25. Januar des gleichen Monats hatte er es dann geschafft.
Das Werk wurde von Gershwin für zwei Klaviere geschrieben, obwohl es im Untertitel „Für Jazzband und Klavier" heißt. Zur Aufführung wurde also eine Orchesterpartitur benötigt, die Ferde Grofé schrieb. Und noch ein anderer hat etwas beigesteuert – der Klarinettist Ross Gorman. Am 12. Februar 1924, während einer der Proben zur Uraufführung in der Aeolian Hall in New York, spielte Gorman mit seiner Klarinette an dem von Gershwin geschriebenem Lauf herum. Er erweiterte schließlich die Tonfolge um einen Ton und spielte sie mit einer Art „verschmiertem" Glissando. Gershwin nahm diese Variante in die Partitur auf und so entstand eine der bemerkenswertesten Eröffnungen der Orchesterliteratur.

Die „Rhapsody in Blue" ist eines der außergewöhnlichsten Werke der Musikliteratur. Es weist „blue notes" und überraschende Assoziationen eines Motivs auf, beides sind prägnante Stilelemente des Jazz. Andererseits deuten sich kompositorische Ordnungen an, die jedoch keiner eigentlichen Regel gehorchen. Jazz oder Sinfonik? Die erste Antwort: Jazz in einem sinfonischen Rahmen. Die zweite Antwort: Gershwin!

Kritiker monierten Gershwins angeblich mangelhafte Kompositionstechnik. Das bewog Gershwin bei Maurice Ravel anzufragen, ob er ihn darin unterrichten könne. Ravels Antwort:

„Warum wollen Sie ein zweitklassiger Ravel werden,
wo Sie doch schon ein erstklassiger Gershwin sind?"

Porgy and Bess

Der unbestrittene Höhepunkt von Gershwins Schaffen ist seine Oper „Porgy and Bess". Sie beruht auf dem Roman „Porgy" von DuBose Heyward – ein Bestseller, ähnlich wie später „Vom Winde verweht".

Die Uraufführung der Oper fand am 10. Oktober 1935 im Alvin-Theater in New York statt. Als Spielstätte hatte Gershwin sich dafür eigentlich die Metropolitan Opera gewünscht. Seine Vorstellung, das Stück mit einer ausschließlich farbigen Besetzung (und nicht mit schwarz geschminkten Weißen) spielen zu lassen, ließ sich dort allerdings zu dieser Zeit noch nicht verwirklichen. Dieser Wunsch ging erst 50 (!) Jahre später in Erfüllung.

Der Untertitel „Volksoper" charakterisiert die Haltung Gershwins. Er wollte, als Erster in der Musikgeschichte, Sujets aus dem Leben der Schwarzen auf die Bühne bringen. Außerdem verwendete er sehr volkstümliche Melodien, ohne dabei jedoch auf originäre Motive zurückzugreifen. Starke Einflüsse des Jazz (vor allem des Blues, des Ragtimes und des Spirituals) unterstützten die zeitnah-sozialkritische Dramatik (Verismo) von „Porgy and Bess".
Gemeinsam mit dem Librettisten Heyward schrieb auch Gershwins Bruder Ira einige der Liedtexte.

Dass das einzigartige Werk hierzulande kaum auf die Bühne gebracht wird, liegt an einer Verfügung der Erben. So, wie es Gershwin wollte, wird darin noch immer eine Besetzung mit weißen Darstellern untersagt, leider!

Jazz

In Zusammenhang mit Gershwin wird der Begriff „Jazz" mehrfach erwähnt. Deshalb wird er in diesem Kapitel kurz erläutert (siehe **AB 18** + **19**), um auch mögliche Schülerfragen zu beantworten. Natürlich kann er nur grob umrissen werden, denn der Jazz schrieb und schreibt mit jedem seiner Interpreten ein neues Kapitel. Die Geschichte des Jazz ist quasi die Geschichte jeder einzelnen Musikerpersönlichkeit und, obwohl jung an Jahren, in seiner Vielfalt bereits unübersehbar.
Trotzdem seien hier ein paar Stile und deren Protagonisten aufgeführt:

Ragtime:	Scott Joplin
New-Orleans-Stil:	Jelly Roll Morton; Buddy Boldon; Kid Ory; King Oliver; Louis Armstrong; Earl Hines
Blues:	Bessie Smith
Dixieland:	„Papa" Jack Laine
Chicago-Stil:	Bix Beiderbecke
Swing-Stil:	Duke Ellington; Coleman Hawkins; Dizzy Gillespie; Benny Goodman
Bebop:	Charlie Parker
Cool Jazz:	Miles Davis; Lennie Tristano
Free Jazz:	Ornette Coleman; John Coltrane; Thelonious Monk; Chick Corea
Jazzrock:	John McLaughlin
Hip-Hop:	David Murray; Wynton Marsalis

Unterrichtshinweise zu Gershwins Werken

♪ Hörbeispiel

44–52

1. Ziele und Inhalte

- etwas über das Leben von George Gershwin erfahren
- einige Themen der „Rhapsody in Blue“ kennen lernen
- anhand eines Partiturausschnittes die Instrumente und Besonderheiten erkennen
- anhand eines Musikbeispiels die hervortretenden Instrumenten nach ihrem Einsatz erkennen
- „blue notes“ als für den Jazz charakteristische Töne kennen lernen
- die Synkope als wichtiges Merkmal des Jazz erfahren
- etwas über den Inhalt der Oper „Porgy and Bess“ erfahren
- einen eigenen Schluss für die Geschichte finden
- zwei weltbekannte Songs der Oper kennen lernen und spielen
- anhand einer Wörterliste den Text „Summertime“ ins Deutsche übersetzen
- Textverarbeitung von „I got plenty of nothing“
- mit der Blues-Tonleiter improvisieren
- einen Blues singen und begleiten

---

2. Arbeitsvorschläge

- **Motivation**

  - Vorspielen von **HB 44**. Freie Schüleräußerungen.

Möglicher Tafelanschrieb:

Art der Musik
Auffälligkeiten
Instrumente

- nach nochmaligem Hören gelenktes Unterrichtsgespräch:

  - Art der Musik: Jazz und klassische Musik
  - Auffälligkeiten:
    - Klarinette spielt zu Beginn.
    - Klavier spielt fast immer.
    - Einzelne Instrumente spielen ein Solo.
    - Einzelne Stellen sind immer wieder zu hören.
  - Instrumente: Klavier, Klarinette, Trompete, Saxofon usw.

- **Erarbeitung**

  – Lebenslauf von Gershwin wird ausgeteilt und gelesen, wichtige Stellen werden von den Schüler/innen markiert.

  – Mündliche Zusammenfassung von Schüler/innen mithilfe folgender Stichpunkte:

    – Familie
    – Hobbys
    – Ausbildung und Beruf
    – Was komponierte Gershwin?

AB 1: Das Rätsel zum Lebenslauf wird ausgefüllt.
Nachdem die Schüler/innen das Lösungswort gefunden haben, kann **HB 49** vorgespielt werden.

AB 2: Die Hörbeispiele **45**, **46** und **47** werden mehrmals vorgespielt. Damit sich die Themen noch besser einprägen, können die Hörbeispiele durcheinander gespielt werden. Die Schüler/innen benennen die Themen. Anschließend wird **HB 44** gehört und gemeinsam die Tabelle ausgefüllt.

AB 3/4: Der Partiturausschnitt wird ausgeteilt; **HB 44** wird vorgespielt. Die Schüler/innen versuchen, die drei Themen vom Notenbild her zu erkennen und markieren sie. Folgendes kann an der Tafel festgehalten werden:

Takt	Thema	Instrument
2–5	I	Klarinette
11–14	II	Saxofon/Horn
16–19	I	Trompete
19–20	III	Klavier
20–23	I	Orchester
24–25	III	Klavier
26–27	III	Klavier

Auf Besonderheiten wird eingegangen: Glissando der Klarinette zu Beginn, chromatische Tonleiter des Horns zu Beginn.

Erklärung:

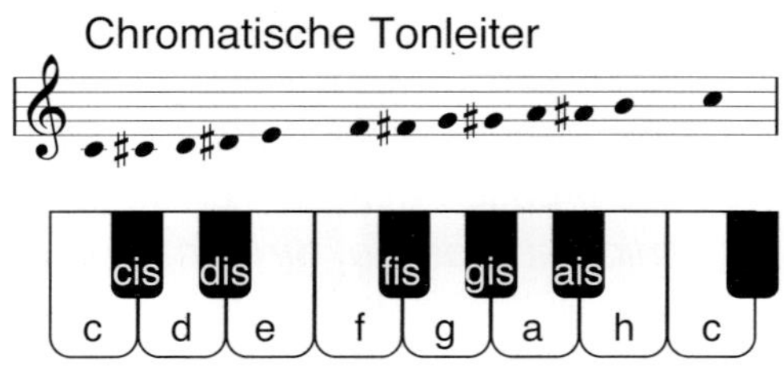

AB 5/6: Die Kärtchen von **AB 6** werden ausgeschnitten und während die Schüler/-innen mehrmals **HB 44** hören auf **AB 5** gelegt. Zuvor sollten unklare Begriffe geklärt werden.

AB 7: **HB 48** wird vorgespielt. Begriffe *flutter, wha-wha, Tutti, Solo* werden erklärt. Die Schüler/innen schneiden die Instrumentenkärtchen aus und legen sie in der Reihenfolge des Gehörten.

AB 8: Dieses Arbeitsblatt ist sehr anspruchsvoll und sicher nur sinnvoll einzusetzen, wenn die Lehrkraft Synkopen vorspielen und erklären kann.

AB 9: Zum Lesetext **HB 49** und **50** einsetzen. Die Schüler/innen können versuchen, einen eigenen Schluss zur Geschichte zu schreiben.

AB 10/11: Die Liedtexte können z. B. im Englischunterricht erarbeitet werden (**AB 11, 15**). Den Slang der Originaltexte haben wir an einigen Stellen etwas „korrigiert", um einzelne Wörter für die Schüler/innen verständlicher zu machen. Manche Wörter sind verkürzt (z. B. 'bout = about), manche erweitert (z. B. amaking = making). Das ist wohl teilweise auch durch den musikalischen Ablauf begründet.
„Summertime" ist der einfachere Text, daher wurde er hier für die Schüler/-innen aufbereitet (siehe **AB 11**). Die Übersetzung dazu finden Sie im Lösungsteil.
Den anspruchsvollen Text von „I got plenty ..." haben wir auf **AB 15** nur in wenigen Teilen für die Schüler/innen eingerichtet. Es wird dort bewusst lediglich auf das eingegangen, was Porgy besitzt bzw. nicht besitzt.
Es bietet sich jedoch an, den Gesamttext auf Basis der folgenden Übersetzung in der Klasse zu diskutieren.

Ich besitze eine Menge von NICHTS

Oh, ich besitze eine Menge von NICHTS und NICHTS ist genug für mich.
Ich habe kein Auto, kein Maultier, keine Not.
Die Leute mit einer Menge an Überfluss haben ein Schloss an der Tür und sind voller Angst, dass sie jemand berauben wird, während sie unterwegs sind, um noch mehr anzuhäufen. Wofür?

Für das, was ich brauche, brauche ich kein Schloss an der Tür, das ist doch keine Art zu leben.
Sie können den Teppich vom Fußboden stehlen, das ist für mich in Ordnung, denn die Dinge, die ich schätze, sind alle frei, gleich den Sternen am Himmel.

Ich besitze eine Menge von NICHTS und NICHTS ist genug für mich.
Ich habe mein Mädchen, meine Lieder und den Himmel den ganzen Tag.
Ich habe mein Mädchen, meinen Herrn und meine Lieder.

Ich habe die Sonne, ich habe den Mond, ich habe das tiefe blaue Meer.
Die Leute mit einer Menge an Überfluss müssen den ganzen Tag beten, denn hast du viel Überfluss musst du sicherlich aufpassen, dir den Teufel vom Leibe zu halten.

Ich habe keine Angst vor der Hölle, bis die Zeit kommt.
Ängstige dich nicht, solange es dir gut geht, bemühe dich nicht, gut oder schlecht zu sein, was ist schon der Unterschied? Ich bin froh, dass ich lebe.

AB 12–14: Der ausführliche Spielsatz zu „Summertime“ könnte z. B. in einer Musik-AG einstudiert werden. Die Melodie ist rhythmisch vereinfacht (ohne Synkopen) und in einem sich fast ständig wiederholendem Akkordschema gehalten: Gm – C – Gm7 – C (Ostinato-Prinzip). Die Schüler/innen können die Melodie daher gut nachvollziehen und rasch auswendig lernen.
Im Teil A (**AB 12**) wird die Akkordbegleitung mit halben Noten gespielt. Die Melodie ist sehr ruhig. Teil B (**AB 13/14**) ist für fortgeschrittene Musikklassen gedacht. Hier basiert die Akkordbegleitung auf einem Rock- oder 8-Beat-Rhythmus.
Es obliegt dem musikalischen (jazzigen) Feeling der Lehrkraft, den Schüler/-innen durch Vor- und Nachspielen beim Einüben der vorliegenden Partitur und dem mehrmaligen Vorspielen und Nachsingen der Originalmelodie ein Jazz- bzw. Swingfeeling nahe zu bringen.
Da der moderne Charakter einer Komposition wie „Summertime“ auf Orff-Instrumenten nur schwer wiederzugeben ist, ist die Unterstützung durch ein oder mehrere Keyboards bzw. Klavier sowie vorhandene Band- und klassische Instrumente wünschenswert. Vorteilhaft wäre auch eine rhythmische Begleitung durch Schlagzeug oder Keyboard.

AB 16/17: Die Rhythmusbegleitung kann zu **HB 50** eingesetzt werden. Die Betonung liegt nicht wie üblich auf der 1 und der 3, sondern auf der 2 und der 4.

Bei ungeübten Schüler/innen kann die Begleitung vereinfacht an der Tafel festgehalten werden:

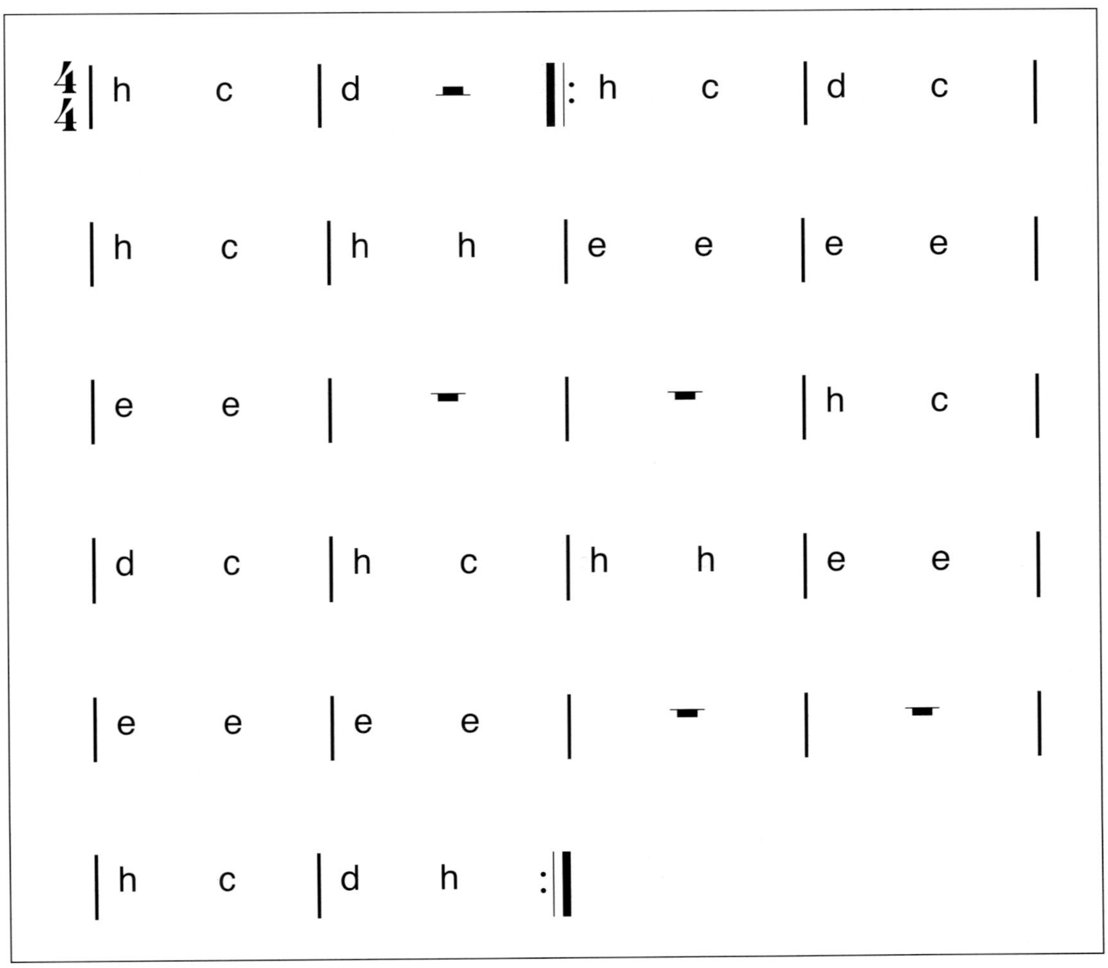

AB 18–20: Zum Lesetext (**AB 18/19**) kann das Rätsel (**AB 20)** eingesetzt werden.

AB 21/22: Eine für die Schüler/innen sehr reizvolle Aufgabe ist das Improvisieren mit der Blues-Tonleiter. In verständlichen und gut nachvollziehbaren Schritten werden die Schüler/innen zum Improvisieren geführt.

AB 23/24: Ihre „Improvisationskünste“ können die Schüler/innen auch beim „Crazy Cool Blues“ zwischen den Wiederholungen einbringen. Der „Crazy Cool Blues“ ist ein eingängiger Blues mit schnell einstudierter Begleitung. Dieser Blues kann beliebig wiederholt werden. Als Zwischenspiele können die Schüler/innen Ihre Improvisationen von **AB 21** und **22** spielen. Es bietet sich auch an, weitere Strophen zu texten. Auf das Blues-Feeling ist zu achten:

Ausführung:

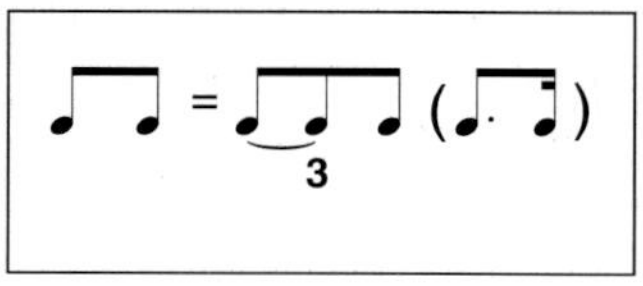

Zählweise:

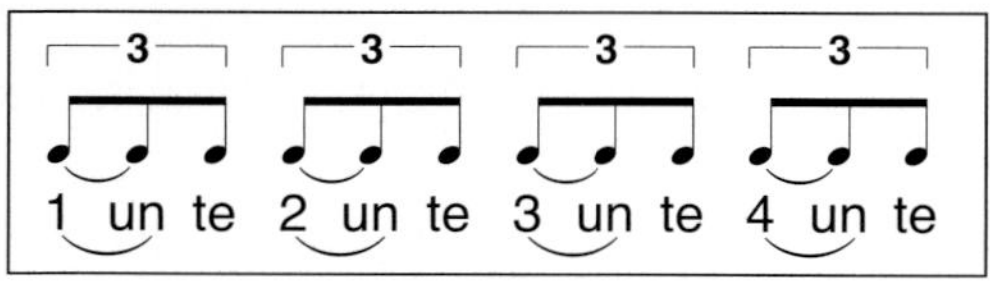

Test: Da die Einheit „Gershwin“ sehr umfangreich ist und von den Lehrkräften voraussichtlich nicht in vollem Umfang eingesetzt wird, haben wir uns beim Test (S. 131) lediglich auf das Kapitel „Rhapsody in Blue“ beschränkt. Weitere Fragen zu ergänzen, steht Ihnen frei.

Bewertungsschlüssel zu Aufgabe 6:

Anordnung richtig	=> 4 Punkte
1 Fehler	=> 3 Punkte
2 Fehler	=> 1 Punkt

George Gershwin – Rätsel zum Lebenslauf **AB 1**

Arbeitsauftrag:

Trage die Lösungen in die Kästchen ein. Aus den eingetragenen Buchstaben in den markierten Kästchen ergibt sich das Lösungswort.

1. Wohin wanderte die Familie aus?
2. Wie hießen die Gershwins ursprünglich?
3. Als was begann George mit 15 Jahren zu arbeiten?
4. Welche Art von Musik wollte Gershwin machen?
5. Welchen Beruf hatte er ab 1917?
6. Sein erster Schlagererfolg?
7. In welchem Stück versuchte er Jazz und klassische Elemente zu verbinden?
8. Wie heißt ein bekanntes Orchesterwerk von Gershwin?
9. An welcher Krankheit starb Gershwin?

1		9																
2		5																
3	1				–													
4		3													2			
5							7											
6						10												
7	6																	
8				4														
9				8														

Lösungswort:

1	2	3	4	5	6	7	8	9	10

(Ein bekannter Song aus „Porgy and Bess“)

Rhapsody in Blue – Themen

HB 44–47 **AB 2**

Unter „Rhapsodie“ versteht man ein Musikstück ohne feste Form. Gershwin versuchte in diesem Stück Jazz und klassische Elemente zu verbinden. Du hörst drei Themen, die in dem Werk immer wieder vorkommen.

Arbeitsaufträge:

1. Verfolge die Themen anhand der unten stehenden Notenbeispiele.

Thema I (**HB 45**)
Thema II (**HB 46**)
Thema III (**HB 47**)

2. Versucht die Rhythmen nachzuklatschen.

zu I
zu II
zu III

3. Kreuze an, welche Themen die Instrumente spielen (**HB 44**).

Thema	I	II	III
Klarinette			
Saxofon			
Horn			
Trompete			
Klavier			
Orchester			

Rhapsody in Blue – Partiturausschnitt (1)

HB 44 **AB 3**

Rhapsody in Blue – Partiturausschnitt (2)

Rhapsody in Blue – Musikalischer Ablauf (1)

HB 44 AB 5

Arbeitsauftrag: Höre das Musikbeispiel (**HB 44**) mehrmals an. Verfolge die Musik anhand der Partiturausschnitte (**AB 3 + 4**). Schneide die Kärtchen von **AB 6** aus und klebe sie in die Kästchen.

Takte	1	2	3	4	5	6	7	8	9	10	11	12	13	14
hervortretende Instrumente														
Besonderheiten														

Takte	15	16	17	18	19	20	21	22	23	24	25	26	27
hervortretende Instrumente													
Besonderheiten													

Alle, außer dem Klavier, spielen Thema I leicht abgeändert

Klavier
Thema III

Ton-
leiter
auf-
wärts

Klari-
nette

Klavier

Klarinette
Horn

Klari-
nette

Oboe
Klarinette

Saxofon
Horn

Klavier
Thema III

Wha-Wha-Trompete
Thema I

Horn und Klarinette wechseln ab; Oboe spielt Thema des Horns

Oboe
Klarinette
Saxofon

Horn
Trompete
Klavier

Klavier
Thema III

Glis-
sando

Saxofon und Horn spielen Thema II

Horn
Trompete
Klavier

Horn
Klarinette

Oboe
Trompete

Klarinette Thema I; Horn chromatische Tonleiter abwärts

Rhapsody in Blue – Hörübung

HB 48 **AB 7**

Höre dir das Musikbeispiel (**HB 48**) mehrmals an. Du hörst einzelne Instrumente heraus; an mehreren Stellen spielen sie ein Solo. Das Klavier ist fast immer zu hören. Gegen Schluss spielen alle Instrumente (Tutti) das Thema.

Arbeitsauftrag:

Schneide die Instrumentenkärtchen aus und ordne sie in der Reihenfolge des Gehörten.

Anmerkung: *flutter* = Man lässt die Zunge wie beim rollenden „r“ vibrieren, wodurch der „Flatterzunge“ genannte Effekt entsteht.

wha-wha = Vor dem Schalltrichter der Trompete wird ein Dämpfer bewegt, was eine Art Jaulen hervorruft.

(wha-wha)
2-mal

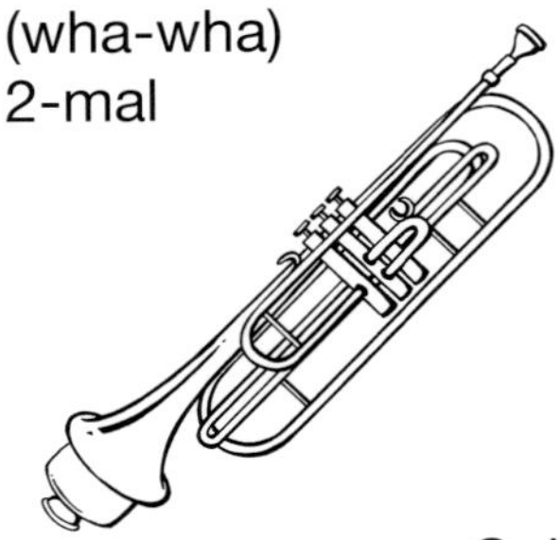

Solo

(flutter)

Solo

Solo

Solo

(flutter)

Tutti

Tutti

Rhapsody in Blue – Die Synkope **HB 45, 46** **AB 8**

Begriffsbestimmung:

Die Synkope (griech. „Zusammenschlag“) ist eine Bindung eines unbetonten an den unmittelbar folgenden betonten Taktteil, wobei der erstere die Betonung vorwegnimmt.
Die Synkope spielt eine wichtige Rolle im Jazz.

Beispiel:

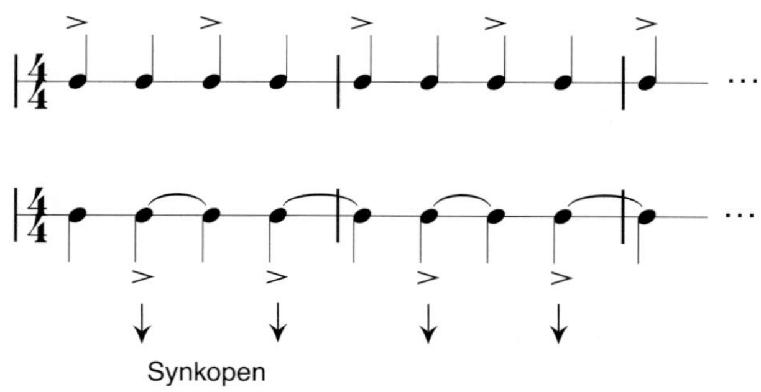

Die rhythmische Verschiebung kann über die Taktgrenze hinweg oder innerhalb eines Taktes erfolgen.

Beispiel:

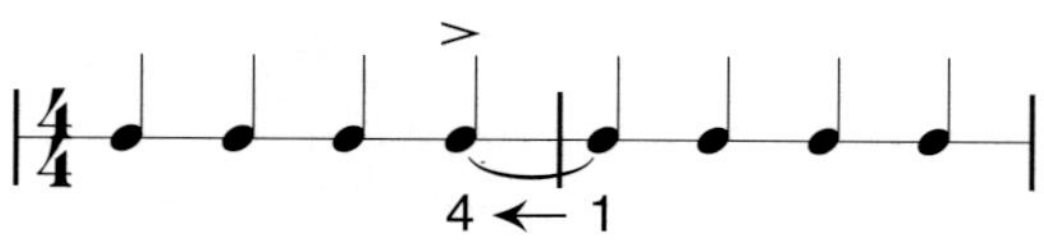

Arbeitsaufträge:

1. Setze die Betonungszeichen (>).

2. Markiere beim Thema I der „Rhapsody in Blue“ die Synkopen (**HB 45**).

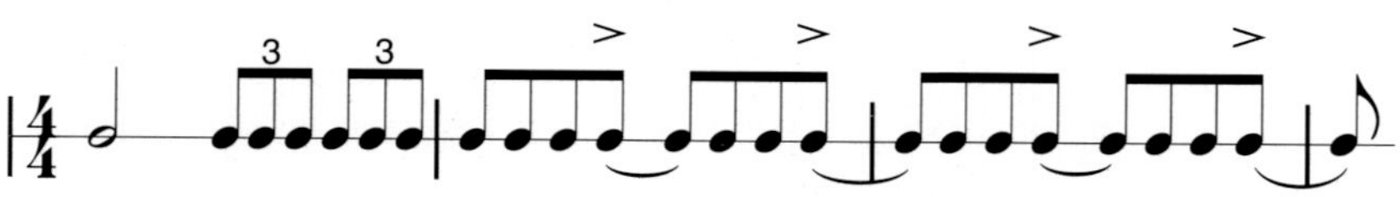

3. Bei Thema II der „Rhapsody in Blue“ findest du *eine* Synkope (**HB 46**). Markiere sie.

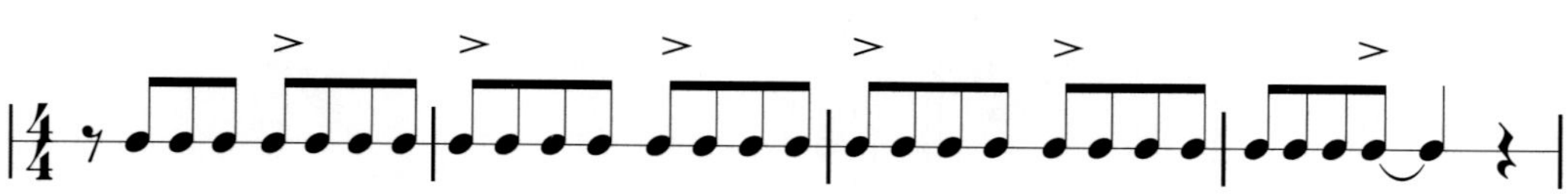

Porgy and Bess – Lesetext **HB 49 + 50** **AB 9**

George Gershwin hatte bereits 1922 eine kleinere Oper (nur ein Akt) mit dem Titel „Blue Monday“ geschrieben. Als er 1926 den Roman „Porgy“ las, war er von dessen Inhalt so begeistert, dass er beschloss, eine Oper daraus zu entwickeln. Es dauerte allerdings noch neun Jahre bis diese unter dem Titel „Porgy and Bess“ fertig gestellt wurde, da Gershwin in diesen Jahren zusätzlich mit einer Unmenge anderer Kompositionen beschäftigt war.

Der Vorhang öffnet sich.

1. Akt: Es ist ein herrlicher Sommerabend. Draußen tanzen die Bewohner einer zum Hafen führenden Straße im überwiegend von Schwarzen bewohnten Viertel von Charleston.
Clara, die Frau des Fischers Jake, singt ihr Baby zur Musik eines Klaviers in den Schlaf (*Summertime,* **HB 49**).
Währenddessen kommt es in einer nahe gelegenen Kneipe, zu deren Stammgästen der brutale Crown, seine hübsche Frau Bess und der verkrüppelte Bettler Porgy gehören, bei einem Würfelspiel zum Streit. Dabei ersticht Crown seinen Mitspieler Robbins. Crown flieht.
Sporting Life, ein zynischer Rauschgifthändler, bietet Bess seinen Schutz an. Doch diese begibt sich lieber in die Obhut des gutmütigen Porgy.

2. Akt: Porgy ist glücklich mit Bess zusammenzuleben (*I got plenty of nothing,* **HB 50**).
Eines Tages erscheint Sporting Life um Bess zu überreden, mit ihm nach New York zu gehen. Sie lehnt ab.
Von befreundeten Fischern wird Bess zu einem großen Picknick auf einer Insel eingeladen. Als das Beisammensein zu Ende ist und der Dampfer mit den Beteiligten ablegt, fehlt nur Bess. Crown ist, nachdem er sich lange versteckt gehalten hatte, ebenfalls auf der Insel. Er umwirbt Bess und beteuert, sie eines Tages ganz zu sich holen zu wollen. Nach einiger Zeit kehrt Bess zu Porgy zurück, der verspricht sie zu schützen.

3. Akt: Crown versucht seine Pläne zu verwirklichen und schleicht um Porgys Haus. Porgy kommt aus dem Hinterhalt und ersticht Crown. Da Beweise fehlen, wird Porgy aber von der Polizei nicht als Täter entlarvt. Dennoch soll er die Leiche Crowns identifizieren.
Porgy lehnt ab, weil er sich dabei vielleicht verraten könnte. Wegen dieser Weigerung wird er für eine Woche in Gewahrsam genommen.
In dieser Zeit macht sich Sporting Life wieder an Bess heran. Mit Kokain bricht er ihren Willen, sodass sie ihm nach New York folgt.
Als Porgy zurückkehrt, erfährt er die für ihn traurige Wahrheit und macht sich auf Bess zu suchen, wo immer sie auch ist.

Der Vorhang fällt.

Eine ergreifende Geschichte! Auch bei vielen anderen Opern werden bewegende menschliche Schicksale geschildert, die kein Happyend haben. Die Autoren des Stoffes um „Porgy and Bess“ lassen uns im Dunkeln zurück.
Wie könnte die Handlung weitergehen? Schafft es Porgy Bess in New York zu finden? Und wenn – ist Sporting Life nicht viel schlitzohriger, um Bess bei sich zu behalten? Oder – könnte der gutherzige Porgy wieder Schlimmes anrichten? Ist Bess vielleicht vom Rauschgift schon so abhängig, dass sie keinen eigenen Willen mehr hat? Oder hat sie sich inzwischen von dem üblen Burschen gelöst und kehrt heim?

Fast könnte man ein zweites Drehbuch zu dieser Geschichte schreiben. Versucht es doch mal!

Summertime

Summertime and the living is easy.
Fish are jumping, and the cotton is high.
Oh, your daddy's rich, and your ma is good-looking,
so hush, little baby, don't you cry.
One of these mornings you gonna rise up singing.
Then you'll spread your wings
and you'll take the sky.
But 'til that morning
there's nothing can harm you.
With Daddy and Mammy
standing by.

I got plenty of nothing

Oh, I got plenty of nothing and nothing's plenty for me,
I got no car, got no mule, got no misery.
The folks with plenty of plenty got a lock on the door,
'fraids somebody's agoing to rob them while they's out amaking more.
What for?
What I got no lock on the door, that's no way to be.
They can steal the rug from the floor, that's okay with me,
'cause the things that I prize, like the stars in the skies, all are free.

I got plenty of nothing, an nothing's plenty for me.
I got my girl, got my song, got heaven the whole day long.
Got my girl, got my Lord, got my song.

I got plenty of nothing, an nothing's plenty for me.
I got the sun, got the moon, got the deep blue sea.
The folks with plenty of plenty got to pray all the day.
Seems with plenty you sure got to worry
how to keep the devil away, away.
I ain't afretting 'bout hell 'til the time arrive.
Never worry long as I'm well, never one to strive
to be good, to be bad, what the hell? I is glad I's alive.

I got plenty of nothing, an nothing's plenty for me.
I got my girl, got my song, got heaven the whole day long.
Got my girl, got my Lord, got my song.

Porgy and Bess – Übersetzung von „Summertime“

AB 11

Summertime

Summertime and the living is easy.

Fish are jumping,

and the cotton is high.

Oh, your daddy's rich,

and your ma is good-looking,

so hush, little baby, don't you cry.

One of these mornings you gonna rise up singing.

Then you'll spread your wings and you'll take the sky.

But 'til that morning there's nothing can harm you.
With Daddy an Mammy standing by.

Wörterliste

and	= und
but	= aber
to can do something	= etwas tun können
cotton	= Baumwolle
to cry	= schreien, weinen
to do not cry	= nicht weinen
easy	= leicht
fish	= Fisch
gonna (I am going to)	= werde
good	= gut
to harm	= schaden
high	= hoch
to hush	= schweigen, still sein
is	= ist
to jump	= springen
little	= klein
the living	= das Leben
good-looking	= gut aussehend
morning	= Morgen
nothing	= nichts
of	= von
one	= ein(e), eins
one of these	= einer dieser
rich	= reich
to rise up	= aufstehen
singing	= singend
sky	= Himmel
to spread	= ausbreiten
to stand by	= zu jem. halten
summertime	= Sommerzeit
to take	= nehmen, greifen
the	= der, die, das
then	= dann
there's	= da ist
'til (until)	= bis
wing	= Flügel
with	= mit
you	= du, dir
your	= dein, deine
you'll (you will)	= du wirst

Arbeitsauftrag: Versuche anhand der Wörterliste den Text zu übersetzen.
Schreibe den deutschen Text jeweils unter den englischen Text.

Teil A
Langsam, ruhig
Chor
Met/Str
Met/Str
BXyl
Sum-mer - time
and the liv-in' is ea - sy.
Fish are jump - in',
and the cot-ton is high.
Oh, your dad-dy's rich,
and your ma is good - look - in',
so hush, lit - tle ba - by, don't you cry.

Tei B

21 22 23 24 3 25
One of these morn-in's
26 27 28 29 30
you gon-na rise up sing - in'. Then you'll spread your wings and you'll take the
31 32 33 34 35
sky. But 'til that morn-in' there's a noth-in' can harm you.
36 37 38 39 40
With Dad-dy an' Mam-my stand - in' by. Summer-

Summertime – Lied und Spielsatz (3)

AB 14

Einstudierung B-Teil: Rhythmuserarbeitung zunächst ohne Instrumente nach folgendem Schema:

		Unterstimme		Oberstimme
①	**rechter Fuß**	Stampfen	**Hände**	Klatschen
②	**linke Hand**	linker Oberschenkel	**rechte Hand**	rechter Oberschenkel
③	**1. Gruppe**	beide Hände auf Oberschenkel	**2. Gruppe**	Klatschen

Oberstimme
Unterstimme

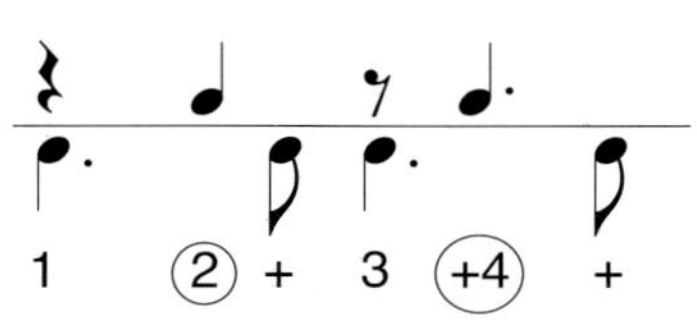

Porgy and Bess – I got plenty of nothing **AB 15**

Porgy ist ein verkrüppelter Bettler. In dem Song „I got plenty of nothing“ teilt er einiges über sich mit.

Arbeitsaufträge:

1. Versuche den Satz zu übersetzen.

I got* plenty of nothing. ....

2. Was könnte der Satz deiner Meinung nach bedeuten?

....

....

....

3. Versuche mithilfe des Wörterbuches die unten stehenden Zeilen zu übersetzen. Kennzeichne mit zwei unterschiedlichen Farben, was Porgy hat und was er nicht hat.

I got the moon ....

I got no car ....

I got heaven the whole day long ....

....

I got my song ....

I got no mule ....

I got no misery ....

I got the sun ....

I got my girl ....

I got the deep blue sea ....

....

*to get, got, got = bekommen (haben)

I got plenty of nothing – Lied und Spielsatz (1)

HB 50 **AB 16**

Rhythmusbegleitung:

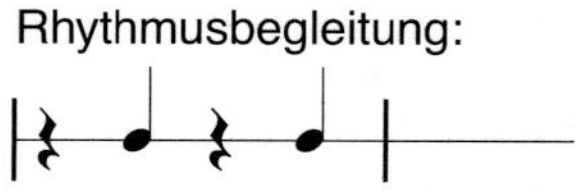

Tamburin
Klanghölzer

I got plenty of nothing – Lied und Spielsatz (2)

HB 50 **AB 17**

1. Chor/Solo	Kb (Klarinette/Posaune)
2. Kl	Kb (Klavier)
3. Met (2 Schlägel)/Blockflöten	Kb (Strings)
4. Xyl (2 Schlägel)	Kb (Tuba)

Je nach vorhandenem Instrumentarium beliebig zusammenstellen.

Begleitung: Kb (Swing oder Dixie), Tempo: 84

Rhapsody in Blue – Lesetext (1) AB 18

Jazz – eine neue Musik

Zwischen 1550 und 1850 wurden nahezu 10 Millionen schwarze Afrikaner nach Amerika verschleppt, wo sie als Sklaven arbeiten mussten. Sie durften weder lesen noch schreiben lernen, so wollten es ihre Unterdrücker.
In dieser Situation diente der *Blues* den Schwarzen sich auszudrücken und Botschaften zu vermitteln. Sie sangen z. B. bei der Arbeit. In ihren Texten drückten sie ihren Unmut und ihre Bitterkeit über ihre verzweifelte Lage (soziale Missstände, Rassendiskriminierung etc.) aus. Der *Blues* ist also im Gegensatz zum *Spiritual*, das sich auf religiöse Inhalte bezieht, eine weltliche Musik.
Ein bestimmendes Merkmal des Blues ist die Improvisation. Der Blues gilt daher als eine der Wurzeln des Jazz.

Improvisation …

… bedeutet spontane Erfindung, d. h., der ausübende Musiker ist gleichzeitig Komponist. Auch wenn die Noten nicht schriftlich festgehalten sind, heißt das nicht, dass völlig frei komponiert wird, sondern es werden oft notierte Motive oder Themen vorgegeben. Außer dem Thema ist auch ein rhythmischer und harmonischer Rahmen vorgegeben, wie z. B. das 12-taktige Blues-Schema. Ein wichtiger Baustein zum Jazz war der um 1890 aufgekommene *Ragtime* (ragged time = zerrissene Zeit). Das ist ein Klaviermusikstil, in dem beim Spiel meist mehrere Themen durch Zwischenspiele verbunden aneinander gereiht werden. Er ist stark durch die Rhythmik geprägt.
Um 1900 entstand der *New-Orleans-Stil*, den man als erste ausgeprägte Form des Jazz bezeichnen kann. Er wurde vorwiegend von Schwarzen gespielt. Die Besetzung der Band bestand in der Regel aus Melodie-Instrumenten (Kornett, Klarinette, Posaune) und aus einer Rhythmusgruppe (Banjo, Tuba, Schlagzeug).
Etwas später, um 1910, spielten auch weiße Musiker ihren Jazz: *Dixieland* – nicht ganz so ursprünglich, technisch „glatter“ und durchschaubarer in seinen Harmonien. Typisch für diese Stilrichtung war die Kollektivimprovisation, d. h., es improvisierten einzelne Instrumentalgruppen.
Mit dem Aufkommen des *Chicago-Stils* änderte sich das. Die Solisten traten stärker hervor und das Saxofon erlangte seine überragende Bedeutung für den Jazz. Dieser Stil leitete über zum *Swing-Stil*, der um 1930 aufkam. Dieser wurde vor allem in großen Jazz- und Tanzmusik-Ensembles, den so genannten *Big Bands*, gespielt, die zu dieser Zeit entstanden. Die afrikanischen Elemente der Musik rückten in den Hintergrund, denn die große Besetzung erforderte mehr Unterordnung an die Vorgaben eines Notentextes. Nur der Starsolist hatte alle Möglichkeiten der Improvisation, wodurch ihm eine hervorragende Rolle zuwuchs.
Zu Beginn der 40er-Jahre entwickelte sich in Harlem der *Bebop*, eine Stilrichtung, die durch hektische Rhythmik und eine aus kurzen Fetzen bestehende Melodik gekennzeichnet war. Typisches Merkmal für diese Entwicklung wurde die flatted fifth – die verminderte Quinte.
Nun ging der Weg in Zehnjahres-Sprüngen weiter: 1950 der *Cool Jazz*; 1960 der *Free Jazz*; 1970 der *Jazzrock* und der *Funk*; 1980/90 der *Hip-Hop*.
Ein wesentliches Element des Jazz ist die *Improvisation*. Aber auch die *blue notes* sind typisch für den Jazz.

Rhapsody in Blue – Lesetext (2) AB 19

Die Tonbildung

Jeder Jazzmusiker macht seinen eigenen Sound mit seinem Instrument. Das bedeutet, dass jeder in sein Spiel eine eigene klangliche Färbung einbringt. Es kommt nicht darauf an, dass Jazz besonders genau und „richtig“ gespielt wird, sondern es ist viel wichtiger, was der Musiker „rüberbringen“ will.

Das Arrangement …

… ist eine Vereinbarung zwischen den Musikern über den Ablauf eines Stückes und die Aufgliederung in Soli und Gruppenteile. Das kann mündlich (*head arrangement*) oder schriftlich verabredet sein und steht nicht im Widerspruch zur Improvisation. Weil der Solist weiß, was die anderen tun, kann er sich voll auf seine Improvisation konzentrieren.

Der Blues …

… ist nicht nur formal und harmonisch bedeutend für den Jazz (12-taktiges Schema und *blue notes*). Noch wichtiger ist sicherlich das Gefühl für den Blues, das ein Jazzmusiker haben muss, das so genannte „Bluesfeeling“.

Die Rhythmik

Im New-Orleans- und im Dixieland-Stil finden wir den *two-beat*-Rhythmus: Die Basstrommel führt als Grundrhythmus zwei Schläge pro Takt aus. Im Swing-Stil gibt es vier Schläge pro Takteinheit (*four-beat*), wobei die Akzentverlagerung auf die 2 und die 4 (sonst Betonung auf 1 und 3) eine schwebende Stimmung erzeugt, es „swingt“ durch diese Synkopisierung.

Der Jazz ist eine verhältnismäßig junge Musik, aber dennoch sehr vielfältig. So ist doch jeder „Jazzer“ auch ein eigenständiger Komponist.

Aus all dem lässt sich eine annähernde Definition des Jazz-Begriffs ableiten:

Jazz ist eine amerikanische Musik,
die weitgehend improvisiert wird.
Sie ist von afrikanischer Rhythmik geprägt
und wird auf
europäischen Instrumenten gespielt.

Jazz – Rätsel

AB 20

Arbeitsauftrag: Lies den Text der Arbeitsblätter **18** und **19** und kreuze an, was richtig ist.

B ☐ Der *Blues* ist eine geistliche Musik.
L ☐ Der *Cool Jazz* entstand um 1950.
K ☐ *Jazz* ist eine alte afrikanische Musik.
O ☐ Ein wichtiges Merkmal des *Jazz* ist die Improvisation.
U ☐ Ein *Spiritual* ist ein geistliches Lied.
D ☐ Der *Blues* hat ein 16-taktiges Schema.
W ☐ Beim *Ragtime* erlangte das Saxofon seine überragende Bedeutung.
I ☐ Viele schwarze Afrikaner wurden zwischen 1550 und 1850 nach Amerika verschleppt.
E ☐ *Jazz* ist der Vorläufer des *Blues*.
S ☐ Die „blue notes“ sind typisch für den *Jazz*.
F ☐ Beim *Chicago-Stil* traten die Instrumentalgruppen mehr hervor.
A ☐ Der *Jazz* der Schwarzen um 1900 hieß *New-Orleans-Stil*.
P ☐ Improvisieren durfte man beim *Jazz* nicht.
V ☐ Amerikaner wurden nach Afrika verschleppt.
R ☐ Beim *Swing-Stil* gibt es 4 Schläge pro Takteinheit. Die Betonung liegt auf der 2 und der 4.
M ☐ Der *Jazz* ist von afrikanischer Rhythmik geprägt.
Q ☐ Der *Jazz* der Schwarzen hieß *Dixieland*.
S ☐ Die ersten *Big Bands* entstanden gleichzeitig mit dem *Swing-Stil*.
T ☐ Improvisation bedeutet, dass die Musik nicht aufgeschrieben, sondern spontan beim Spiel erfunden wird.
C ☐ Beim *Jazz* ist das Arrangement die Tonbildung.
R ☐ Die afrikanischen Sklaven durften weder lesen noch schreiben lernen.
H ☐ Ein Jazzer ist kein eigenständiger Komponist.
O ☐ Der *Blues* ist eine weltliche Musik, das *Spiritual* eine religiöse.
N ☐ Beim Improvisieren gibt es viele Freiheiten, aber auch bestimmte Regeln, die eingehalten werden müssen.
G ☐ Der *Blues* hat ein 12-taktiges Schema.

Trage in die folgenden Kästchen diejenigen Buchstaben ein, die neben den richtigen (angekreuzten) Aussagen stehen. Beginne von oben.

Wenn du das Rätsel richtig gelöst hast, ergibt sich der Name eines berühmten Jazz-Musikers.

Lösungswort: ☐☐☐☐☐ ☐☐☐☐☐☐☐☐☐

Jazz – Improvisieren mit der Blues-Tonleiter (1) **AB 21**

Die einfachste Form der *Blues-Tonleiter* ist die *Blues-Pentatonik*, also eine *5-Ton-Tonleiter*, mit der man wunderbar den charakteristischen Klang einer Blues-Melodie imitieren kann.

1. Schritt: Zu einer Tonart erhältst du die Noten der pentatonischen Blues-Tonleiter durch folgenden „Trick“:

Grundtonart	Bestimme die um eine kleine Terz höhere Tonart.	Pentatonische Tonleiter	Beginne mit dem Grundton.
A-Dur	C-Dur	c – d – e – g – a	a – c – d – e – g
E-Dur	G-Dur	g – a – h – d – e	e – g – a – h – d

Pentatonische Blues-Tonleiter in A-Dur:

Pentatonische Blues-Tonleiter in E-Dur:

Du siehst: Obwohl A-Dur und E-Dur viele Vorzeichen haben, weisen die entsprechenden Blues-Tonleitern überhaupt keine Vorzeichen auf. Das macht das Improvisieren leichter.

2. Schritt: Spiele folgende einfache Melodie nach.
(Wichtig: Überflüssige Klangstäbe entfernen!)

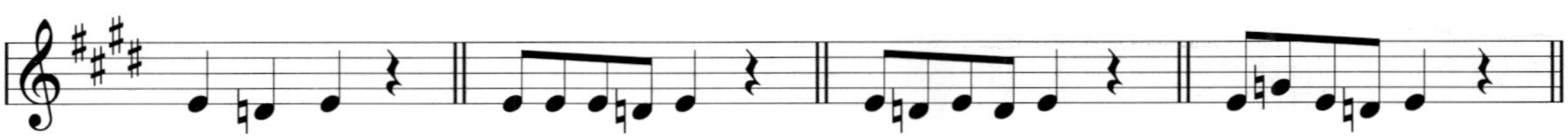

Arbeitsaufträge:

1. Nun beginne mit dem Ton „a“. Versuche nach Gehör die gleichen Motive wie eben zu spielen. Dann ergänze die fehlenden Noten.
   Achte auf die Auflösungszeichen.

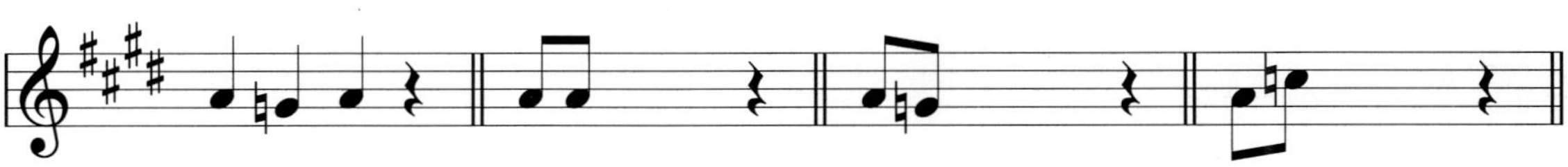

2. Nun beginne mit dem Ton „h“. Gehe vor wie bei Arbeitsauftrag 1.

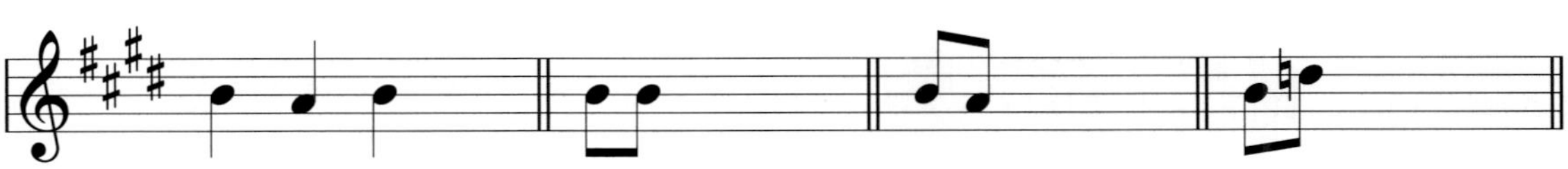

Jazz – Improvisieren mit der Blues-Tonleiter (2) AB 22

3. Schritt: Komponiere eine eigene Melodie.

Arbeitsaufträge:

1. Suche dir jetzt beliebige Motive aus den vorgegebenen Beispielen aus und ergänze sie in dem folgenden 12-taktigen Blues-Schema. Du erhältst einen Blues in E-Dur. Achte nur darauf, dass die Anfangstöne mit den Akkordsymbolen übereinstimmen.

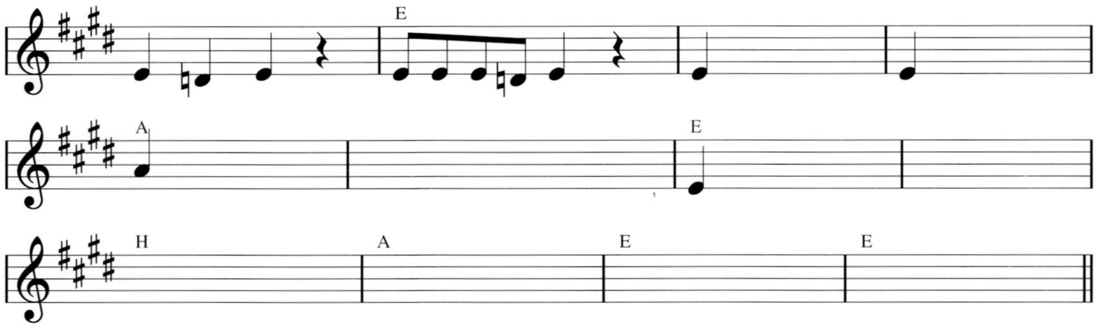

Spiele deine Blues-Melodie. Wenn deine Mitschüler dazu auf Zählzeit 2 und 4 mit den Fingern schnippen, klingt es schon richtig „cool“.

2. Bei dem unten stehenden Blues sind die Motive in die falschen Takte gerutscht. Schneide sie aus und ordne sie nach ihren Anfangstönen (a, d, e). Spiele sie. Dann bringe sie in eine Reihenfolge, sodass sie zum vorgegebenen Akkordablauf passen.
   Spiele deine Vorschläge. Wenn dir ein Ablauf besonders gut gefällt, klebe die Motive in das vorgegebene Blues-Schema ein.

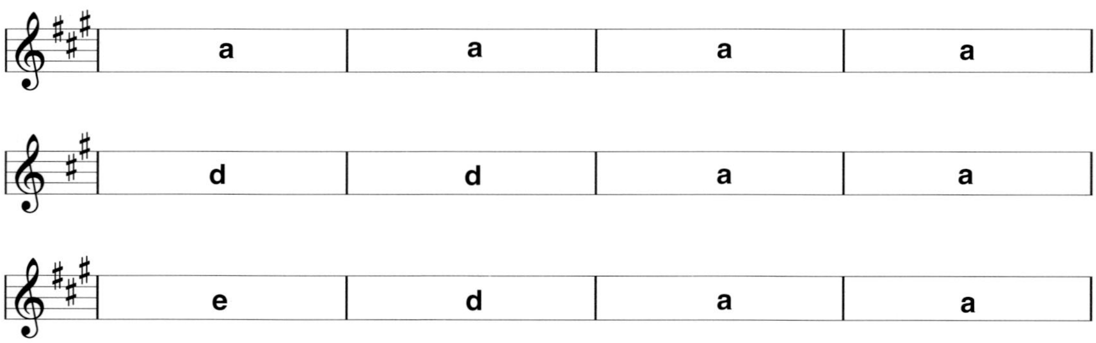

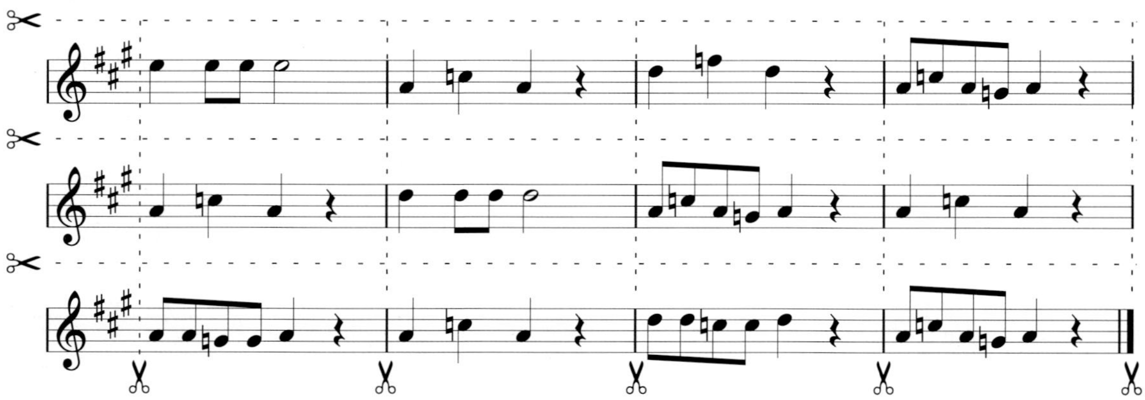

Jazz – Crazy Cool Blues (1)

AB 23

Text: D. Rehm
Melodie: K. Hackenbruch

Jazz – Crazy Cool Blues (2) **AB 24**

Anmerkungen:

Stimme 2 kann auch durch Keyboard (Brass) ersetzt werden.
Es kann auch mit der Fingered Begleitautomatik eines Keyboards begleitet werden.

Einstellung: Blues Tempo 92, Fingered einstellen und mit der linken Hand nach den Akkordsymbolen spielen.

Test zu B. Smetana Name:____________________ Datum:__________

1. Setze die passenden Wörter in die Lücken ein. **3 P**

Smetana hat im Vorwort der Partitur eine anschauliche Beschreibung der Moldau gegeben:

„Aus zwei ______________ entspringt sie. Munter plätschert sie über die ______________, glitzert in der Morgensonne und ________________ sich allmählich. Am waldbestandenen Ufer ertönen ________________. Sie fließt vorbei an einem ________________, von dem fröhliche Klänge eines ______________________ zu hören sind."

2. Nummeriere die Überschriften in der Reihenfolge des Gehörten (HB 1, 3, 4, 5, 6, 8). **6 P**

☐ Die Quellen	☐ Stromschnellen	☐ Bauernhochzeit
☐ Die Jagd	☐ Nymphenreigen	☐ Der Fluss entschwindet

3. a) Schreibe die Überschriften zu den Bildern. **9 P**
b) Welche Instrumente erkennst du?
c) Wie klingt die Musik? Finde passende Eigenschaftswörter.

HB 6

HB 1

HB 5

a) ____________________	a) ____________________	a) ____________________
b) ____________________	b) ____________________	b) ____________________
c) ____________________	c) ____________________	c) ____________________

4. Du hörst drei Musikbeispiele (HB 2, 1, 4). **6 P**
Nummeriere die Notenbeispiele in der Reihenfolge des Gehörten.

☐ 

☐ 

☐ 

Test zu G. Mahler Name:______________________ Datum:__________

1. In der Sinfonie Nr. 1 (**HB 9**) von Gustav Mahler kann man die Melodie von **1 P**

   ______________________ erkennen.

2. Wie klingt der Ausschnitt aus der Sinfonie Nr. 1? Kreise die passenden Wörter ein. **2 P**

   langsam *fröhlich* *ruhig* *lustig*

   müde *lebhaft* *aufregend* *traurig*

3. Was hat sich Gustav Mahler bei seiner Musik vorgestellt? **2 P**

   ____

4. An welchem Instrument erkennt man, dass die Tiere eigentlich gar nicht **2 P**

   so traurig sind? ______________________________

5. a) Ordne zu: „Bruder Jakob“ – „Sinfonie Nr. 1“. **2 P**

   A 

   ____

   B 

   ____

   b) Nenne zwei Unterschiede zwischen beiden Notenzeilen. **4 P**

   ____

   ____

6. Nenne vier Instrumente, die im Hörbeispiel zur Sinfonie Nr. 1 vorkommen. **2 P**

   ______________________ ______________________

   ______________________ ______________________

Test 1 zu M. Mussorgsky Name:_________________ Datum:________

1. Der Komponist Modest Mussorgsky ist einmal durch eine Ausstellung gegangen. Die Musik, die er dazu schrieb, nannte er: **2 P**

____

2. Mussorgsky stellt sich in der Einführung und den Zwischenstücken unter dem Titel ____________________ selbst dar. Dort beschreibt er, wie er durch die Ausstellung geht. **2 P**

3. Mussorgsky schrieb sein Stück für Klavier. Wer bearbeitete das Werk für Orchester? ____________________ **2 P**

4. „Bydlo“ bedeutet: ____________________ **2 P**

5. Was bedeuten diese Zeichen? **3 P**

p ______________ ppp ______________ f > p ______________

f ______________ ff ______________ p < f ______________

6. Höre dir die beiden Musikbeispiele an (HB 15+17).

a) Nummeriere die folgenden Notenzeilen in der Reihenfolge des Gehörten. **2 P**
b) Wie heißen diese Stücke? **2 P**
c) Trage bei Beispiel B die Taktarten ein. **1 P**

(HB 17)

A 

◯ ____________________

(HB 15)

B 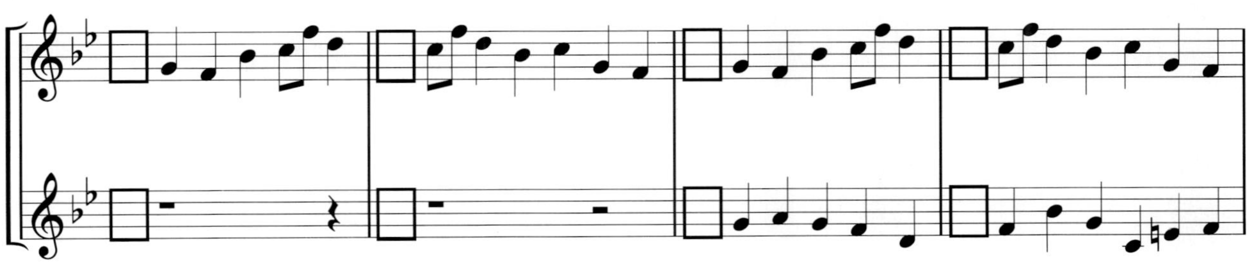

◯ ____________________

Test 2 zu M. Mussorgsky Name:________________ Datum:________

1. Höre dir die Musik an (HB 18). Wie heißt die Bildüberschrift? **2 P**

____

2. Nummeriere die grafischen Darstellungen in der Reihenfolge des Gehörten (HB 18). **4 P**

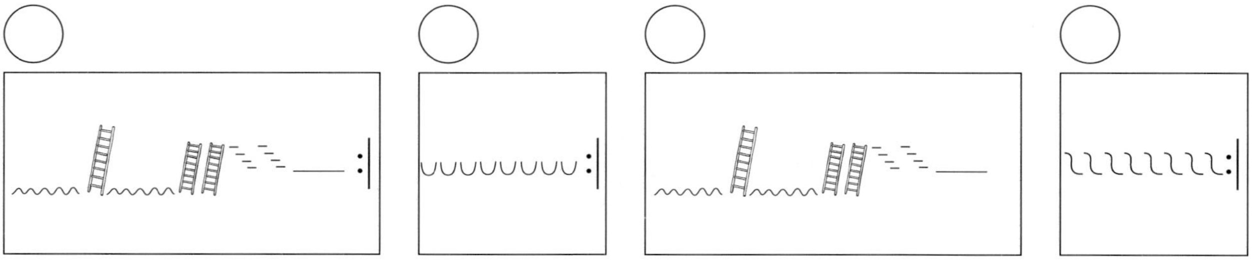

3. Wie heißt die Hexengestalt eines russischen Märchens, **1 P**

die in einem Mörser reitet? ________________________________

4. Weshalb steht ihre Hütte auf Hühnerbeinen? ________________ **2 P**

____

5. In welcher Reihenfolge hörst du die Musik? Nummeriere! **3 P**

(HB 21) ◯ Freudestrahlend entdeckt die Hexe ihr Opfer.

(HB 25) ◯ Die Hexe umkreist ihre Beute.

(HB 22) ◯ Die Hexe steigt in die Lüfte und fliegt.

6. Nummeriere in der Reihenfolge des Gehörten. **3 P**

(HB 26) ◯

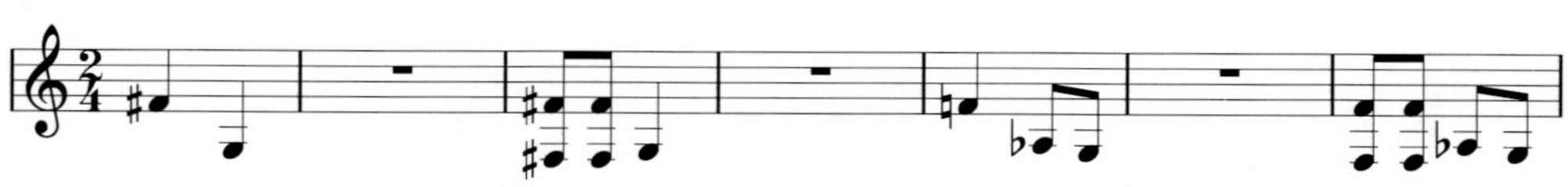

(HB 21) ◯

Test 3 zu M. Mussorgsky Name:________________ Datum:________

1. Welche Bilder beschreibt M. Mussorgsky in seinem Stück „Bilder einer Ausstellung“? Nenne mindestens vier Bildtitel. **4 P**

______________________________ ______________________________

______________________________ ______________________________

______________________________ ______________________________

2. Du hörst vier Musikbeispiele (HB 10, 11, 12, 14). Schreibe die Bildtitel in der Reihenfolge des Gehörten auf. **4 P**

a) ______________________________ c) ______________________________

b) ______________________________ d) ______________________________

3. a) Zu welcher Musik passt das Notenbild? Nummeriere! **6 P**
   b) Schreibe die Bildtitel dazu.

(HB 20) ◯

____

(HB 17) ◯

____

(HB 14) ◯

____

Test zu C. M. v. Weber Name:____________________ Datum:__________

1. **Von welchem Komponisten stammt die Oper „Der Freischütz“?** **2 P**

____

2. **Nummeriere in der Reihenfolge des Gehörten (HB 35–41):** **7 P**

◯  Ein Sturm kommt auf, beugt und bricht die Wipfel der Bäume.

◯  Ein schwarzer Eber jagt vorüber.

◯  Waldvögel kommen herunter. Sie hüpfen und flattern.

◯  Es folgt Hundegebell, Nebelgestalten von Jägern zu Fuß und zu Pferde.

◯  Man hört Rasseln, Peitschenknall und Pferdegetrappel.

◯  Die Uhr schlägt eins. Langsam kehrt Stille ein.

◯  Gewitterwolken treffen krachend zusammen. Flammen schlagen aus der Erde. Irrlichter zeigen sich.

3. **Nenne zwei Lieder aus dem Freischütz.** **4 P**

____

____

4. **Beantworte folgende Fragen:** **3 P**

a) Wer lenkt die 7. Kugel? ______________________________

b) Wen soll sie treffen? ______________________________

c) Wer wird von der 7. Kugel getroffen? ______________________________

5. **Welche Instrumente kannst du heraushören? Umkreise sie! (HB 43)** **4 P**

Test zu G. Gershwin Name:____________________ Datum:__________

1. Wie heißt der Komponist der „Rhapsody in Blue“? **2 P**

2. Nenne zwei Songs aus der Oper „Porgy and Bess“. **2 P**

3. Welche beiden Stilrichtungen verband der Komponist in seiner „Rhapsody in Blue“? **2 P**

4. Höre dir die Musikbeispiele an. Nummeriere in der Reihenfolge des Gehörten. **3 P**

Thema 2 HB 46 Thema 1 HB 45 Thema 3 HB 47

5. Nenne vier Instrumente, die du aus der Musik heraushörst (HB 44). **2 P**

6. Nummeriere in der Reihenfolge des Gehörten (HB 48). **4 P**

Lösungen – Bedřich Smetana (1)

Seite 11/12, AB 1/2

HB 1 Quellen
HB 2 Fluss fließt durch die Landschaft
HB 3 Jagd
HB 4 Bauernhochzeit
HB 5 Nymphenreigen
HB 6 Stromschnellen
HB 7 Burg
HB 8 Fluss entschwindet

Seite 13, AB 3

A
1. Jagd (**HB 3**)
2. Hörner, Trompete, Triangel; Streicher spielen das Quellenmotiv
3. kräftig, laut, lebhaft

1. Quellen (**HB 1**)
2. Querflöte, Klarinette, Streicher (gezupft)
3. munter, murmelnd, hüpfend, rieselnd

B
1. Nymphenreigen (**HB 5**)
2. zartes Spiel der Flöten; Streicher
3. geheimnisvoll, leise, märchenhaft, schwebend

1. Bauernhochzeit (**HB 4**)
2. Streicher, Klarinette
3. fröhlich, lustig, tänzerisch, heiter

C
1. Stromschnellen (**HB 6**)
2. Blechbläser, Streicher, Piccoloflöte, Becken
3. gefährlich, tosend, brausend, reißend

1. Fluss entschwindet (**HB 8**)
2. Streicher, Trompete
3. leiser werdend, sich entfernend, verklingend, verschwindend

Seite 14/15, AB 4/5

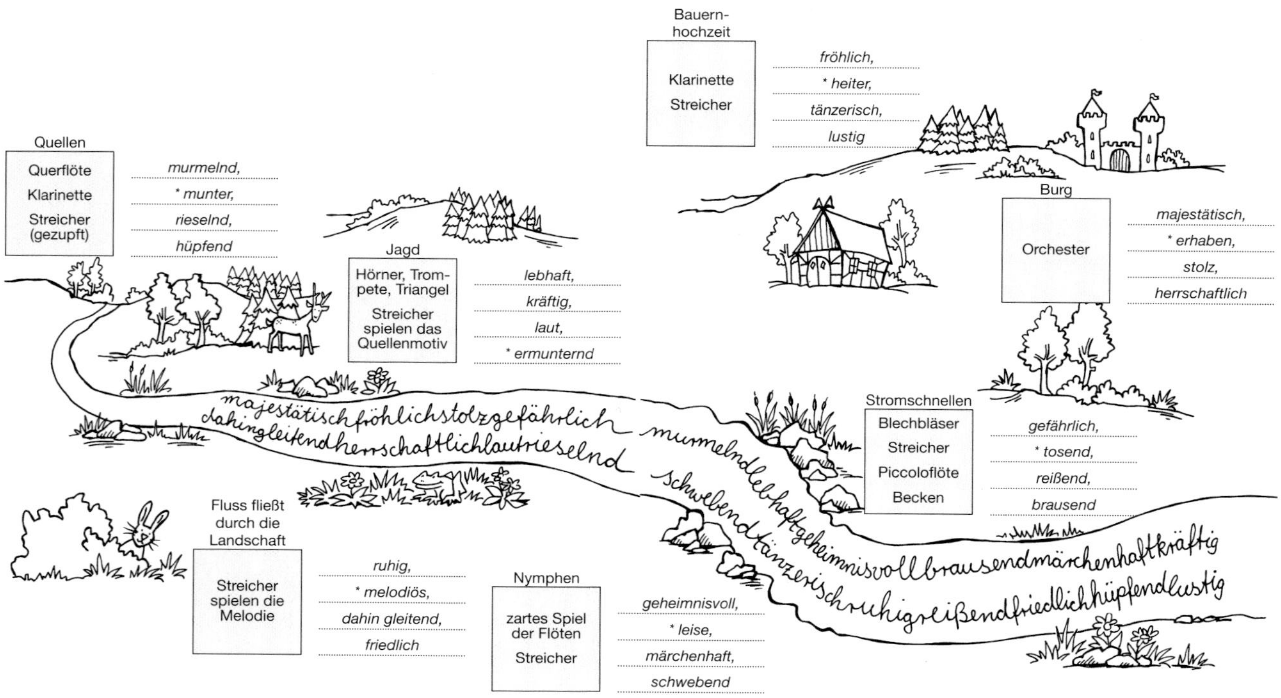

* mögliche Schülerlösungen

Lösungen – Bedřich Smetana (2)

Seite 16, AB 6

Arbeitsauftrag 2:
- **A** Quellen
- **B** Fluss fließt durch die Landschaft
- **C** Jagd
- **D** Bauernhochzeit

Arbeitsauftrag 3:

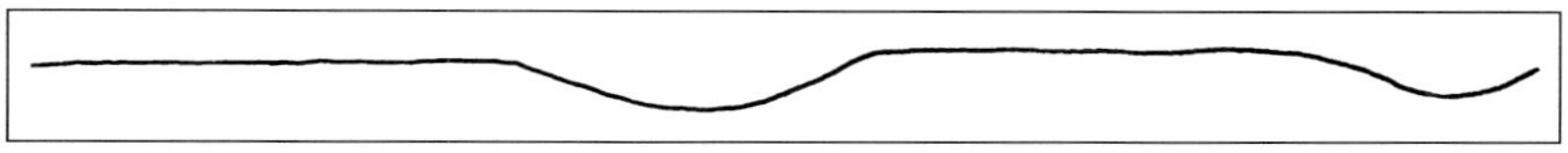

zu **C**

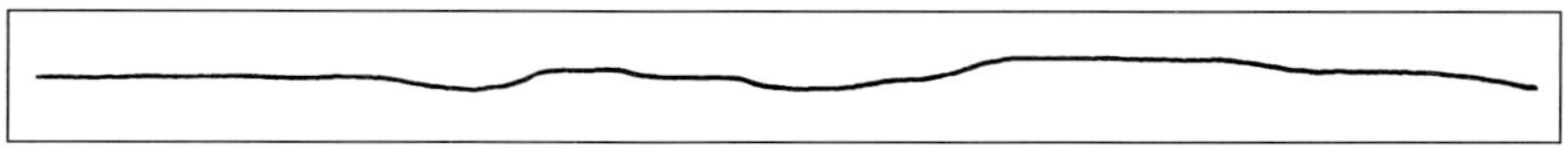

zu **D**

Arbeitsauftrag 4: Tipp: Der Melodieverlauf zu **A** und **B** lässt sich gut zeichnen, indem man die Noten unter ein Papier legt und die Notenköpfe miteinander verbindet.

Seite 20, AB 10

Reihenfolge der Abschnitte: D, A, H, G, E, C, F, B (vergleiche AB 11, S. 21).

Lösungen – Gustav Mahler (1)

Seite 29, AB 1

Lösungswörter: 11, 4, Konservatorium, Gymnasium, Klavierunterricht, Kapellmeister, Opern, Hamburg, Karlsruhe, Prag, New York, Operndirektor, jüdischer, Amerika/New York, Metropolitan Opera, Oper, Herzkrankheit, 1911, Sinfonie der Tausend, 1028, „Kindertotenlieder"/„Lieder eines fahrenden Gesellen" o. Ä.

Seite 31/32, AB 3/4

Bilder:	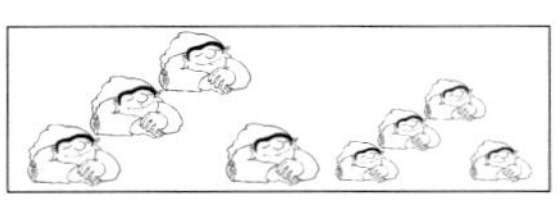			
Noten:				
Text:	Bruder Jakob, Bruder Jakob,	schläfst du noch? Schläfst du noch?	Hörst du nicht die Glocken? Hörst du nicht die Glocken?	Ding, dang, dong! Ding, dang, dong!

Lösungen – Gustav Mahler (2)

Seite 33, AB 5

Vermutliche Schüleräußerungen:
Es ist jemand gestorben. – Die Tiere bringen den Sarg mit dem verstorbenen Jäger zur Grabstätte. – Die Tiere sind zwar froh, doch eine Beerdigung ist traurig. – Der Hase ist mit der Oboe gemeint, er ist fröhlich, denn sein Feind ist gestorben.

Überschrift im Original: „Des Jägers Leichenbegräbnis“

Seite 34, AB 6

Arbeitsauftrag 1: müde, langsam, geheimnisvoll, beruhigend, traurig, (langweilig).

Arbeitsauftrag 2:

	A	B
Notenwerte:	Viertelnoten/halbe Noten	auch Achtelnoten
tiefer/höher:	höher	tiefer

Seite 35/36, AB 7/8

Pauke:	Takt 1
Kontrabass:	Takt 3
Fagott:	Takt 9
Cello:	Takt 11
Tuba:	Takt 15
Klarinette:	Takt 17
Oboe/Bratsche:	Takt 19

Seite 37, AB 9

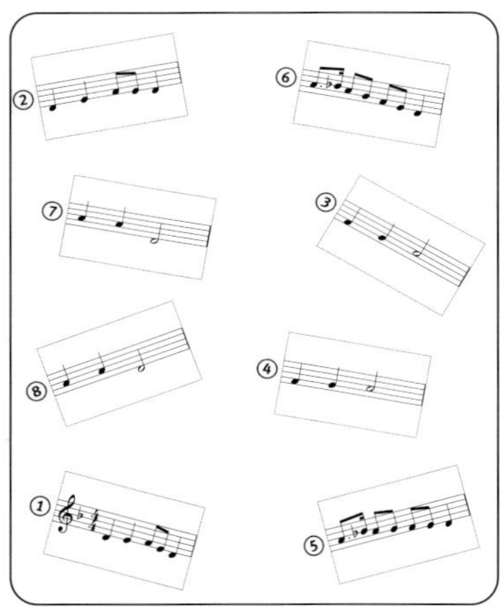

(vgl. S. 38 unten)

Seite 40, AB 12

Arbeitsauftrag 1: **HB 9:** düster, traurig, geheimnisvoll, regnerisch, langsam.
„Bruder Jakob“: sonnig, munter, fröhlich, schnell.

Arbeitsauftrag 2:

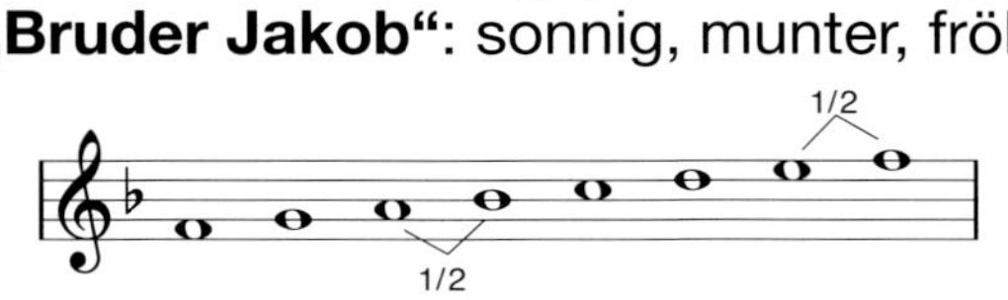

Arbeitsauftrag 3: a)

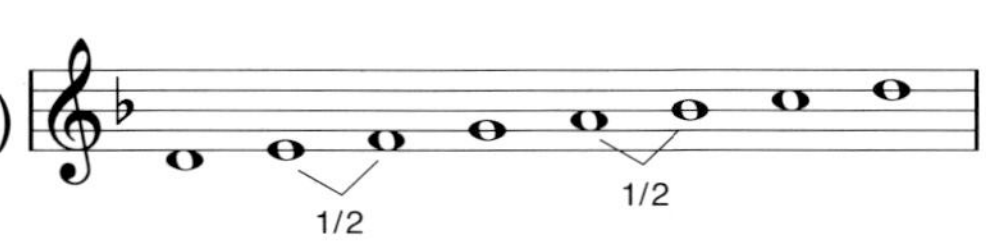

b) d-Moll

Arbeitsauftrag 4: „Bruder Jakob“: F-Dur, 1. Sinfonie: d-Moll.

Lösungen – Modest Petrowitsch Mussorgsky (1)

Seite 49, AB 1

Arbeitsauftrag 2/3:

HB 10 Ein Ochsenkarren fährt vorbei / *Bydlo*
HB 11 Küken tanzen in ihren Eierschalen / *Ballett der Küken in ihren Eierschalen*
HB 14 Das Haus der Hexe Baba Jaga auf Hühnerfüßen / *Die Hütte der Baba Jaga*
HB 13 Ein Besuch in den unterirdischen Grabstätten / *Die Katakomben*
HB 12 Das Treiben auf dem Marktplatz / *Marktplatz von Limoges*

Seite 50, AB 2

Arbeitsauftrag 2: schnellen, langsamen, stehen, gemächlich, stockt.

Arbeitsauftrag 4: 5/4, 6/4, 5/4, 6/4.

Seite 51, AB 3

Arbeitsauftrag 1:

	Mussorgsky	Ravel
Instrumente	Klavier	Orchester
Lautstärke	f	< >

Arbeitsauftrag 3: z. B.: p – f – p
ff – f – p – pp usw.

Seite 52, AB 4

Räder

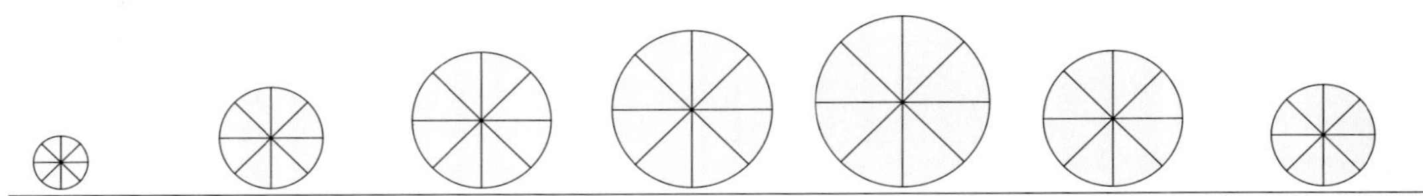

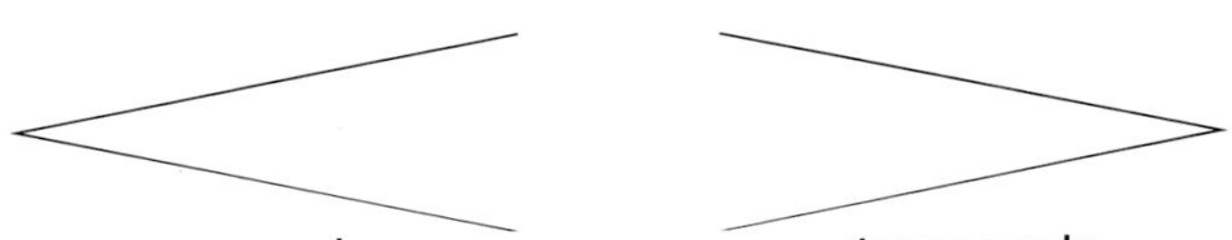

Lautstärken

ppp	pp	p	f	ff	p	pp

Lösungen – Modest Petrowitsch Mussorgsky (2)

Seite 53, AB 5

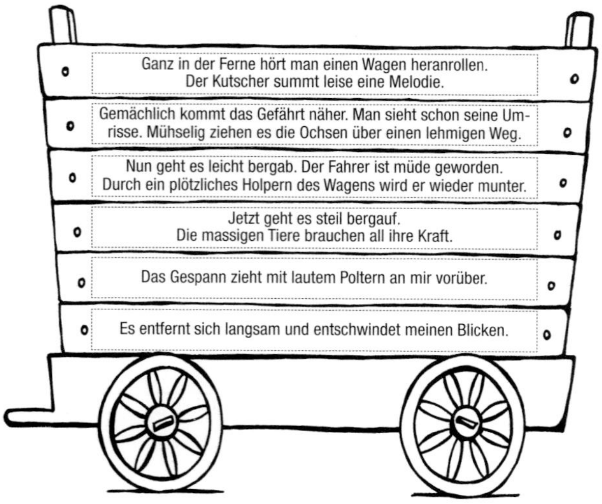

Seite 54, AB 6

Seite 55, AB 7

Arbeitsauftrag 1: A | A´ | B | A | A´´

Arbeitsauftrag 2:

Teil	Melodieführung	Ostinato	Lautstärke
A	Tuba	Fagott + Streicher	pp
A´	Tuba	Fagott + Streicher	p
B	Streicher, Holzbläser; Blechbläser kommen hinzu		p < f
A	Streicher, hohe Holzbläser, Hörner	Schlagwerk, Tuba, Harfe	ff
A´´	Tuba	Fagott + Streicher	f > p

Seite 56, AB 8

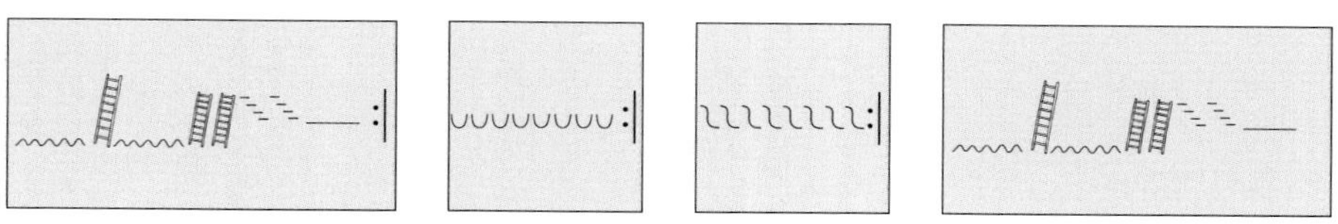

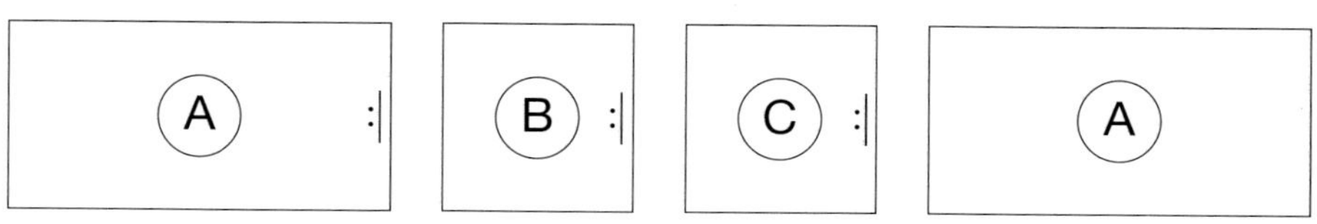

Lösungen – Modest Petrowitsch Mussorgsky (3)

Seite 61, AB 13

HB 21

Freudestrahlend entdeckt die Hexe ihr Opfer.

HB 22

Die Hexe steigt in die Lüfte und fliegt.

HB 23

Die Hexe schwebt über dem Mädchen.

HB 25

Die Hexe umkreist ihr Opfer.

HB 26

Sie ist erbost, dass ihr das Mädchen entlaufen ist.

HB 24

Sie fängt ihr Opfer nicht und fliegt enttäuscht zurück.

Seite 62, AB 14

Arbeitsauftrag 3: **HB 26** Schlagzeug, Streicher, Bläser.
HB 21 Trompete, Horn, Becken, Flöten.
HB 23 Flöte, Fagott.

Lösungen – Carl Maria von Weber (1)

Seite 74, AB 2

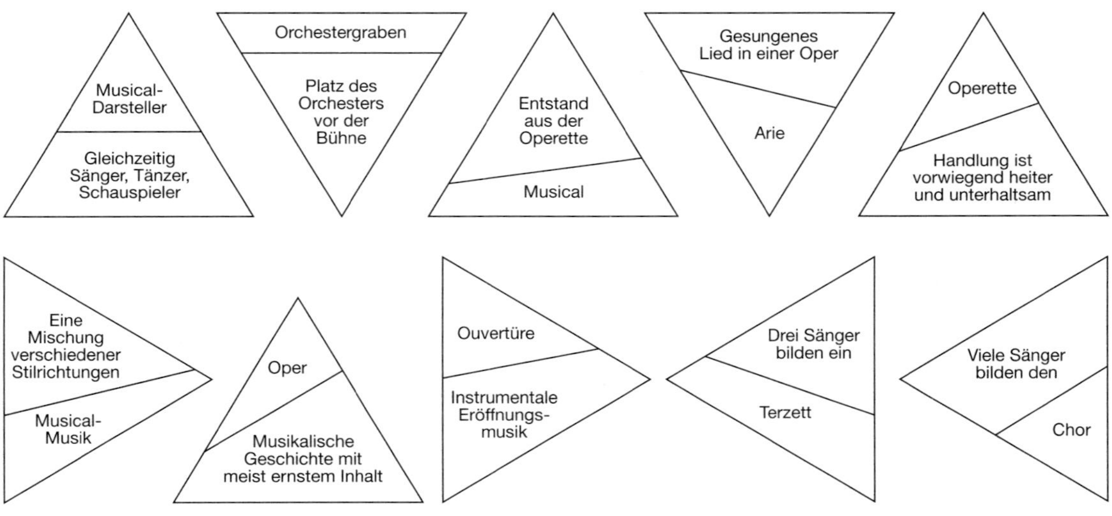

Lösungen – Carl Maria von Weber (2)

Seite 76, AB 4

Der Freischütz

Oper in drei Akten

Text: *J. F. Kind* — Musik: *C. M. von Weber*

Personen:

Kilian	*ein reicher Bauer*
Max	zweiter Jägerbursche
Agathe	*Tochter des fürstlichen Erbförsters Kuno*
Kuno	*fürstlicher Erbförster*
Kaspar	*erster Jägerbursche*
Ännchen	eine Freundin Agathes
Samiel	*der schwarze Jäger*
ohne Namen	ein Eremit (Einsiedler)
Ottokar	Fürst

Seite 77/78, AB 5/6

Bei einem Wettschießen gewinnt der reiche Bauer *Kilian*. *Max*, der zweite Jägerbursche, verfehlt das Ziel. Doch am nächsten Tag muss er treffen, denn nur so bekommt er *Agathe*, die Tochter des Försters *Kuno*, zur Frau. Außerdem darf er dann auch die Försterei übernehmen.

2

In seiner Verzweiflung trifft *Max* den ersten Jägerburschen *Kaspar*. Dieser erzählt ihm von Freikugeln, die immer ihr Ziel erreichen. *Max* willigt ein, sich mit *Kaspar* um Mitternacht in der Wolfsschlucht zu treffen, um solche Kugeln zu gießen.

3

4

Agathe und ihre Freundin *Ännchen* treffen abends im Forsthaus Vorbereitungen für die Hochzeit. *Max* erscheint kurz, gibt aber vor, noch einen von ihm erlegten Hirsch in der Wolfsschlucht holen zu müssen, und verabschiedet sich schnell. Böse Ahnungen überkommen *Agathe*, doch *Ännchen* versucht, ihr diese auszureden.

Kaspar ist bereits vor *Max* in der Wolfsschlucht. Auch *Samiel*, der schwarze Jäger, hat sich eingefunden, mit dem *Kaspar* einen Vertrag über sein Leben hat. Um es für drei Jahre zu verlängern muss *Kaspar* ein neues Opfer bringen. Das soll *Max* sein. *Samiel* gewährt dafür sieben Freikugeln, wobei er die siebte selbst bestimmen will.

5

Kaspar hat seinem Kumpel vier der Kugeln gegeben. *Max* verschießt drei davon, um die Treffsicherheit auszuprobieren – mit Erfolg. Als er *Kaspar* bittet, ihm die drei übrig gebliebenen Kugeln zu geben, verschießt dieser stattdessen den Rest auf Kleingetier in der Landschaft. Es bleibt noch eine Kugel, die siebte.

6

Im Forsthaus wird *Agathe* inzwischen als Braut geschmückt. Als man die Schachtel mit dem Brautkranz öffnet, liegt darin eine Totenkrone. Schnell winden die Brautjungfern einen neuen Kranz aus den geweihten Rosen, die *Agathe* von einem Eremiten geschenkt wurden. Diese Blumen sollen sie beschützen.

7

Nun beginnt ein großes Fest. Fürst *Ottokar* hat entschieden, den Probeschuss auf eine weiße Taube abzufeuern. *Kaspar* klettert auf einen Baum, um *Samiel* zu erspähen. *Max* legt an. *Agathe* schreit auf und verschreckt damit die Taube, die auf den Baum zufliegt. Die Kugel trifft *Kaspar*. Fürst *Ottokar* erfährt von dem dunklen Treiben. Er ist zunächst erbost darüber, gewährt *Max* dann aber ein Probejahr, nach welchem dieser *Agathe*

8 heiraten darf.

Lösungen – Carl Maria von Weber (3)

Seite 81/82, AB 9/10

①  Waldvögel kommen herunter. Sie hüpfen und flattern.

②  Ein schwarzer Eber jagt vorüber.

③  Ein Sturm kommt auf, beugt und bricht die Wipfel der Bäume.

④  Man hört Rasseln, Peitschenknall und Pferdegetrappel.

⑤  Es folgt Hundegebell, Nebelgestalten von Jägern zu Fuß und zu Pferde.

⑥  Gewitterwolken treffen krachend zusammen. Flammen schlagen aus der Erde. Irrlichter zeigen sich.

⑦  Die Uhr schlägt eins. Langsam kehrt Stille ein.

Seite 88, AB 16

Arbeitsauftrag 1: a) Samiel
b) Agathe
c) Kaspar

Arbeitsauftrag 2:

Mögliche Schüleräußerungen:
Max wird wegen Betrugs eingesperrt und darf Agathe nicht heiraten. – Der Fürst verzeiht Max, weil er aus Liebe gehandelt hat. – Agathe will Max nicht mehr heiraten, da sie ihm nicht mehr vertraut.

Seite 89, AB 17

Arbeitsauftrag 2/3:

Zugposaune, Horn
Geige, Fagott.

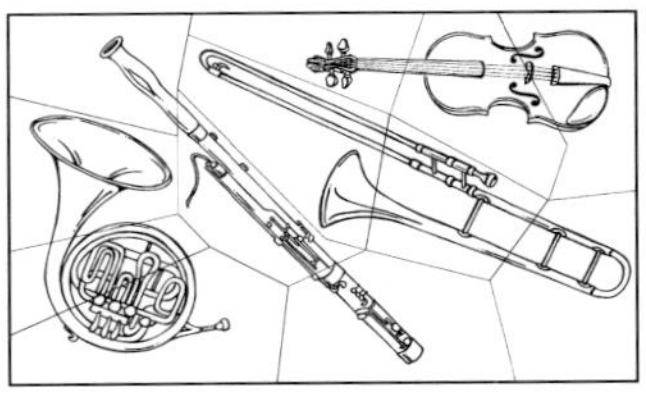

Lösungen – George Gershwin (1)

Seite 101, AB 1

1	A	[9] M	E	R	I	K	A											
2	G	[5] E	R	S	C	H	O	W	I	T	Z							
3	[1] S	O	N	G	-	P	L	U	G	G	E	R						
4	A	[3] M	E	R	I	K	A	N	I	S	C	H	E	M	[2] U	S	I	K
5	P	I	A	N	I	S	[7] T											
6	S	W	A	N	E	[10] E												
7	[6] R	H	A	P	S	O	D	Y	I	N	B	L	U	E				
8	A	N	A	[4] M	E	R	I	C	A	N	I	N	P	A	R	I	S	
9	G	E	H	[8] I	R	N	T	U	M	O	R							

Lösungswort:

1	2	3	4	5	6	7	8	9	10
S	U	M	M	E	R	T	I	M	E

Lösungen – George Gershwin (2)

Seite 102, AB 2

Arbeitsauftrag 3:

Thema	I	II	III
Klarinette	X		
Saxofon		X	
Horn		X	
Trompete	X		
Klavier			X
Orchester	X		

Seite 105/106, AB 5/6

Takte	1	2	3	4	5	6	7	8	9	10	11	12	13	14
hervortretende Instrumente	Klarinette	Klarinette Horn					Horn Klarinette		Oboe Trompete		Oboe Klarinette		Saxofon Horn	
Besonderheiten	Glissando	Klarinette Thema I; Horn chromatische Tonleiter abwärts					Horn und Klarinette wechseln ab; Oboe spielt Thema des Horns				Saxofon und Horn spielen Thema II			

Takte	15	16	17	18	19	20	21	22	23	24	25	26	27
hervortretende Instrumente	Klarinette	Horn Trompete Klavier				Oboe Klarinette Saxofon		Horn Trompete Klavier		Klavier			
Besonderheiten	Tonleiter aufwärts	Wha-Wha-Trompete Thema I					Alle, außer dem Klavier, spielen Thema I leicht abgeändert						
					Klavier Thema III					Klavier Thema III		Klavier Thema III	

Seite 107, AB 7

Reihenfolge:
1. Trompete (flutter)
2. Trompete (flutter)
3. Oboe/Saxofon
4. Trompete
5. Klarinette
6. Klarinette
7. Orchester (Tutti – Querflöte/Oboe – Tutti)
8. Klarinette
9. 2-mal Trompete (wha-wha)

(vgl. S. 145, Lösung zu Aufgabe 6 des Gershwin-Tests)

Lösungen – George Gershwin (3)

Seite 108, AB 8

Arbeitsauftrag 1:

Arbeitsauftrag 2:

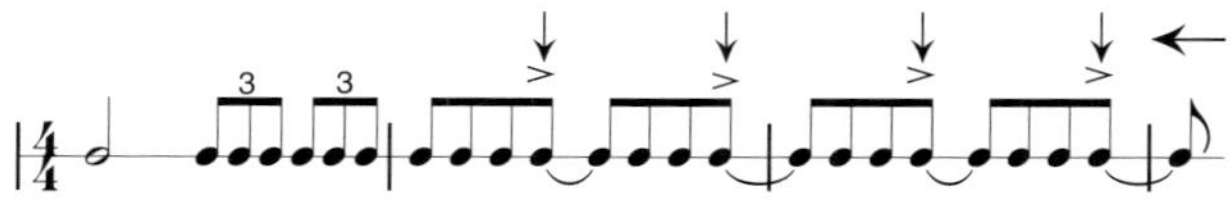

Arbeitsauftrag 3:

Seite 111, AB 11

Summertime and the living is easy.
Sommerzeit und das Leben ist einfach.

Fish are jumping,
Fische springen,

and the cotton is high.
und die Baumwolle ist hoch gewachsen.

Oh, your daddy's rich,
Oh, dein Vater ist reich,

and your ma is good-looking,
und deine Mutter ist gut aussehend,

so hush, little baby, don't you cry.
sei still, kleines Baby, weine nicht.

One of these mornings you gonna
rise up singing.
Eines Morgens wirst du
singend aufstehen.

Then you'll spread your wings and
you'll take the sky.
Dann wirst du deine Flügel ausbreiten
und den Himmel erobern.

But 'til that morning there's nothing can
harm you. With Daddy an Mammy standing by.
Aber bis zu diesem Morgen kann dir nichts passieren,
wenn Vater und Mutter zu dir halten.

Seite 115, AB 15

Arbeitsauftrag 1: Ich habe eine Menge von NICHTS.

Arbeitsauftrag 2: Ich habe so gut wie kein Geld, keine Kleider etc.
Ich bin sehr arm, habe keinen Besitz.

Arbeitsauftrag 3:

I got the moon	Ich habe den Mond
I got no car	Ich habe **kein** Auto
I got heaven the whole day long	Ich habe den Himmel den ganzen Tag lang
I got my song	Ich habe mein Lied
I got no mule	Ich habe **kein** Maultier
I got no misery	Ich habe **keine** Not
I got the sun	Ich habe die Sonne
I got my girl	Ich habe mein Mädchen
I got the deep blue sea	Ich habe das tiefe blaue Meer

Seite 120, AB 20

Lösungswort:

L	O	U	I	S	A	R	M	S	T	R	O	N	G

Seite 121, AB 21

Arbeitsauftrag 1:

Arbeitsauftrag 2:

Seite 122, AB 22

Arbeitsauftrag 1: z. B.

Arbeitsauftrag 2: z. B.

Lösungen – Tests (1)

Test zu Smetana

S. 125

Aufgabe 1: Quellen, Felsbrocken, verbreitert, Jagdfanfaren, Dorf, Hochzeitsfestes.

Aufgabe 2: **HB 1** = Die Quellen, **HB 3** = Die Jagd, **HB 4** = Bauernhochzeit, **HB 5** = Nymphenreigen, **HB 6** = Stromschnellen, **HB 8** = Der Fluss entschwindet (Reihenfolge je nach Lehrervorgabe).

Aufgabe 3: Siehe Lösung zu Smetana (Seite 132, AB 3).

Aufgabe 4:
HB 2 Der Fluss fließt durch die Landschaft
HB 1 Quellen
HB 4 Bauernhochzeit

Test zu Mahler

S. 126

Aufgabe 1: „Bruder Jakob“

Aufgabe 2: langsam, ruhig, müde, traurig.

Aufgabe 3: Einen Trauerzug der Tiere für einen verstorbenen Jäger.

Aufgabe 4: An der Oboe.

Aufgabe 5:
a) **A** = Sinfonie Nr. 1, **B** = Bruder Jakob.
b) Sinfonie Nr. 1 <–> Bruder Jakob: Moll – Dur, tiefer – höher, auch Achtelnoten – nur Viertelnoten und halbe Noten.

Aufgabe 6: Oboe, Klarinette, Fagott, Tuba, (Pauken, Bratsche, Cello, Kontrabass).

Test 1 zu Mussorgsky

S. 127

Aufgabe 1: Bilder einer Ausstellung

Aufgabe 2: Promenade

Aufgabe 3: (Maurice) Ravel

Aufgabe 4: Ein Ochsenkarren zieht vorbei.

Aufgabe 5: p: *leise,* ppp: *so leise wie möglich,* f > p: *allmählich leiser werdend,* f: *laut,* ff: *sehr laut,* p < f: *allmählich lauter werdend.* (Vgl. S. 51).

Aufgabe 6:
b) Beispiel A: Bydlo
Beispiel B: Promenade
c) 5/4, 6/4, 5/4, 6/4.

Lösungen – Tests (2)

Test 2 zu Mussorgsky

S. 128

Aufgabe 1: Das Ballett der Küken in ihren Eierschalen

Aufgabe 2: ① ② ④ ③

Aufgabe 3: Baba Jaga

Aufgabe 4: Damit sie den Eingang in die Richtung drehen kann, aus der die Menschen (ihre Opfer) kommen.

Test 3 zu Mussorgsky

S. 129

Aufgabe 1: „Ballett der Küken in ihren Eierschalen“, „Der Marktplatz von Limoges“, „Bydlo“, „Die Hütte der Baba Jaga“ usw. (vgl. S. 42 ff.).

Aufgabe 2:
a) Bydlo (**HB 10**)
b) Ballett der Küken (**HB 11**)
c) Marktplatz (**HB 12**)
d) Baba Jaga (**HB 14**)

Aufgabe 3:
HB 20 Marktplatz
HB 17 Bydlo
HB 14 Baba Jaga

Test zu von Weber

S. 130

Aufgabe 1: Carl Maria von Weber

Aufgabe 2:

3  Ein Sturm kommt auf, beugt und bricht die Wipfel der Bäume.

2  Ein schwarzer Eber jagt vorüber.

1  Waldvögel kommen herunter. Sie hüpfen und flattern.

5  Es folgt Hundegebell, Nebelgestalten von Jägern zu Fuß und zu Pferde.

4  Man hört Rasseln, Peitschenknall und Pferdegetrappel.

7  Die Uhr schlägt eins. Langsam kehrt Stille ein.

6  Gewitterwolken treffen krachend zusammen. Flammen schlagen aus der Erde. Irrlichter zeigen sich.

Aufgabe 3: „Was gleicht wohl auf Erden ...“ (Jägerchor), „Wir winden dir den Jungfernkranz ...“ (Brautjungfernchor) usw.

Aufgabe 4: a) Samiel, b) Agathe, c) Kaspar

Aufgabe 5:

Lösungen – Tests (3)

Test zu Gershwin

S. 131

Aufgabe 1: George Gershwin

Aufgabe 2: „Summertime“, „I got plenty of nothing“.

Aufgabe 3: Jazz und klassische Musik.

Aufgabe 4: Wie vorgegeben.

Aufgabe 5: Trompete, Klarinette, Klavier, Saxofon, (Oboe, Horn).

Aufgabe 6:

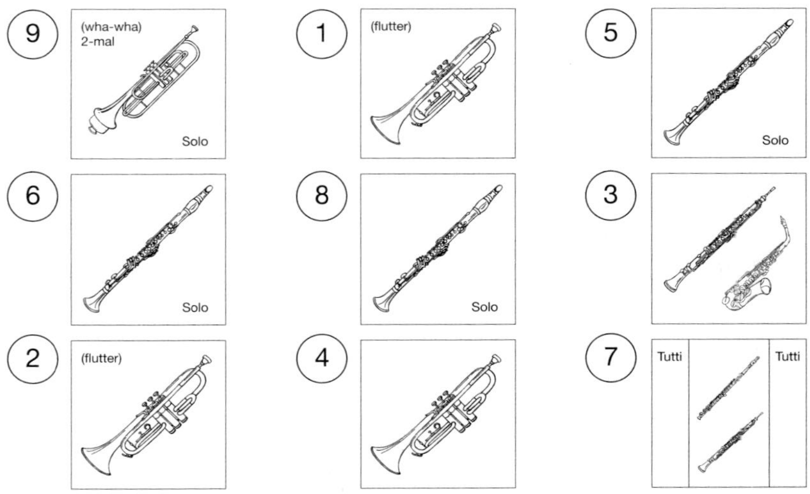

Wegen der Wiederholungen der Instrumente kann sich die Nummerierung ändern: bei 1/2 und bei 5/6/8.

Hörbeispiele – Übersicht

Nr.	Komponist	Werk	Länge
	B. Smetana	**Die Moldau (Ausschnitte aus NAXOS 8.550931)** 	
1		Quellen	1:03
2		Fluss fließt durch die Landschaft	1:01
3		Jagd	1:08
4		Bauernhochzeit	1:26
5		Nymphenreigen	1:36
6		Stromschnellen	1:15
7		Die Burg	0:26
8		Der Fluss entschwindet	0:31
	G. Mahler	**1.Sinfonie (Ausschnitt aus NAXOS 8.550522)** 	
9		3. Satz	1:59
	M.P. Mussorgsky/ M. Ravel	**Bilder einer Ausstellung (Ausschnitte aus NAXOS 8.550051)** 	
10		Bydlo – Thema	0:29
11		Küken	0:17
12		Marktplatz	0:23
13		Katakomben	0:39
14		Baba Jaga	0:23
15		Promenade	1:54
16		Bydlo – gesamt	2:32
17		Bydlo – Klavier (NAXOS 8.550044)	1:47
18		Küken	1:18
19		Marktplatz – Klavier (langsam) (NAXOS 8.550044)	0:40
20		Marktplatz – Klavier (NAXOS 8.550044)	1:17
21		Baba Jaga – Auszüge	0:19
22		Baba Jaga	0:12
23		Baba Jaga	0:27
24		Baba Jaga	0:19
25		Baba Jaga	0:25
26		Baba Jaga	0:14
27		Baba Jaga – gesamt	3:45
28		Gnomus	1:05

Nr.	Komponist	Werk	Länge
29		Das alte Schloss	1:27
30		In den Tuilerien	1:08
31		Samuel Goldenberg und Schmuyle	2:01
32		Das große Tor von Kiew	1:15
	C. M. v. Weber	**Der Freischütz (Ausschnitte aus Koch 3-1642-2/2)** 	
33		Chor der unsichtbaren Geister	3:45
34		Kugelsegen	4:14
35		Waldvögel	0:17
36		Eber	0:27
37		Sturm	0:27
38		Peitschenknall	0:19
39		Jäger	0:09
40		Gewitter	0:29
41		Uhr/Stille	0:22
42		Jungfernkranz – Chor (NAXOS 8.550507D)	2:43
43		Jägerchor (NAXOS 8.550507D)	2:41
	G. Gershwin	**Verschiedene Werke (Ausschnitte aus NAXOS 8.550295)** 	
44		Rhapsody in Blue (Auszüge)	1:32
45		Rhapsody in Blue	0:15
46		Rhapsody in Blue	0:09
47		Rhapsody in Blue	0:11
48		Rhapsody in Blue	1:33
49		Porgy and Bess: „Summertime" (EMI CDC 7 54325 2)	3:14
50		Porgy and Bess: „I got plenty..." (EMI CDC 7 54325 2)	2:50
51		Fascinatin' Rhythm (NAXOS 8.550341)	3:43
52		I've got Rhythm (NAXOS 8.550341)	3.24

Musik erleben – Musik machen!

Edition MoPÄD und Unterrichtsideen

Bergedorfer®

Dieter Rehm/Angelika Rehm/Kurt Hackenbruch

Concerto 1

Klassik für Kinder
Handlungsorientierte Materialien für den Musikunterricht in Primar- und Orientierungsstufe, mit Kopiervorlagen
128 Seiten, DIN A4, kartoniert Best.-Nr. **3825**

Begleit-CD (ca. 60 Minuten Spieldauer) Best.-Nr. **3826**

Ein toller Einstieg in die klassische Musik mit „Peter und der Wolf", dem „Karneval der Tiere" oder der „Zauberflöte" und vielen anderen Musikstücken! Mit zahlreichen Kopiervorlagen, die die Fantasie der Kinder anregen. Lebensläufe der Komponisten, Lesegeschichten sowie konkrete Unterrichtshinweise ergänzen die abwechslungsreichen Arbeitsblätter.

Lutz Gümbel/Jochen Hering

Anders als die andern – Der Fall Tschaikowsky

Hör-CD Best.-Nr. **9891**

Der 13-jährige Matthias ist spurlos verschwunden. Sein Vater beauftragt ein Detektivbüro mit der Suche. Bei einem Hausbesuch machen die Detektive im Zimmer des Jungen aufschlussreiche Entdeckungen: Das Tagebuch Tschaikowskys liegt aufgeschlagen auf dem Bett. Im CD-Player liegt noch Matthias' Lieblings-CD von Tschaikowsky. Ist etwa der russische Komponist in den Fall verwickelt? Musik und Leben Tschaikowskys bringen die Detektive auf die richtige Spur – ein **Krimi in Dur und Moll**.
Nach dem Hörspiel folgt eine Auswahl von Musikstücken des Krimis in voller Länge.

Lutz Gümbel/Jochen Hering

Anders als die andern – Der Fall Tschaikowsky Das Begleitheft zum Hörspiel

Heft, schwarz-weiß, DIN A4, 3. bis 6. Schuljahr Best.-Nr. **M003**

Tschaikowsky zum Anfassen!
Hier erfahren Sie am Beispiel Tschaikowskys konkret, wie Sie die Begegnung mit einem Komponisten im Unterricht ansprechend und eindrucksvoll vorbereiten und gestalten können:

- Malen und Tanzen zur Musik
- Geschichten
- Szenische Spiele
- Erfinden eigener Programmmusik mit einfachen Instrumenten
- Fotogalerie

Rainer Redeker

Orff goes Latin

Materialien für einen handlungsorientierten Musikunterricht
104 Seiten, DIN A4, kartoniert Best.-Nr. **3829**

CD (ca. 65 Minuten Spieldauer) Best.-Nr. **3830**

Entstauben Sie Ihre Orff-Instrumente und folgen Sie uns nach Lateinamerika! Die karibische Musik gewinnt in Europa immer mehr Freunde. Salsa, Reggae und Merengue sind die bekanntesten Beispiele dieses Genres, die zur Zeit die musikalische Welt erobern.
Der Autor ist selbst leidenschaftlicher Musiker und unterrichtet Erwachsene, Jugendliche und Kinder im Trommeln. Mit **Orff goes Latin** richtet er sich nun auch an Musiklehrer/innen der Sekundarstufe I und II. Sein Buch bietet eine gute Grundlage für Lehrkräfte, die ganzheitliche Lernziele anstreben.
Es werden rhythmische Organisationsprinzipien der afrokaribischen Musik sowie geschichtliche und kulturelle Hintergründe dargestellt.

Bestellcoupon

Persen

Ja, bitte senden Sie mir/uns mit Rechnung

___ Expl. **Concerto 1 – Buch** Best.-Nr. **3825**
___ Expl. **Concerto 1 – CD** Best.-Nr. **3826**
___ Expl. **Anders als die andern – Der Fall Tschaikowsky, Hör-CD** Best.-Nr. **9891**
___ Expl. **Anders als die andern – Der Fall Tschaikowsky, Das Begleitheft zum Hörspiel** Best.-Nr. **M003**
___ Expl. **Orff goes Latin – Buch** Best.-Nr. **3829**
___ Expl. **Orff goes Latin – CD** Best.-Nr. **3830**

Bestellen Sie bequem rund um die Uhr!
Telefon: 0 41 63/81 40 40
Fax: 0 41 63/81 40 50

Bitte kopieren und einsenden an:

Persen Verlag GmbH
Postfach 2 60
D-21637 Horneburg

Meine Anschrift lautet:

Name/Vorname

Straße

PLZ/Ort

Datum/Unterschrift

E-Mail

Da liegt Musik in der Luft!

Bergedorfer® Kopiervorlagen für Ihren Musikunterricht

Dirigent und Orchester

Heinz-Lothar Worm

Musik in der Primarstufe

47 Kopiervorlagen Best.-Nr. **2107**

Wie führt man Grundschüler behutsam an das Fach Musik heran? Die Mappe enthält einen systematischen, aber kindgerechten Notenlehrgang mit kleinen Aufgaben, außerdem eine Musikinstrumentenkunde sowie einfache Spielstücke für Glockenspiel und Xylophon. Mit vielen Spielen, die die Kinder beim Lernen motivieren.

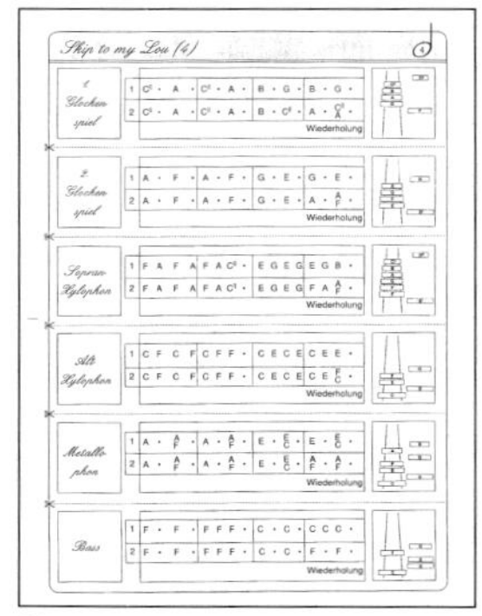

Skip to my Lou (2)

Waldkonzert

Heinz-Lothar Worm

Singspiele für das 2.–4. Schuljahr

48 Kopiervorlagen Best.-Nr. **2199**

Kinder lieben es zu singen und Theater zu spielen. Warum also nicht beides im Unterricht verbinden? Von einfachen Lieddarstellungen bis hin zum „richtigen" Theater mit Gesang finden Sie viele tolle Vorlagen und Anregungen für einen aktiven Musikunterricht, der Ihre Klasse begeistern wird!

Die Tonarten – B-Dur

Heinz-Lothar Worm

Musik in der Sekundarstufe I

55 Kopiervorlagen Best.-Nr. **2108**

Diese Mappe baut auf den Kenntnissen des Bands **Musik in der Primarstufe** auf. Notenschrift, Violinschlüssel und Bass-Schlüssel sind nach der Bearbeitung der Arbeitsblätter für Ihre Schüler/innen kein Problem mehr!

Günther Titze

Leichtes Musizieren mit Orff-Instrumenten 4.–6. Schuljahr

49 Kopiervorlagen Best.-Nr. **2336**

„Musikmachen ohne lange theoretische Unterweisung" – ein Zitat von Carl Orff – ist das Prinzip der vorliegenden Arrangements. Die Liedbegleitungen wollen Spaß an der Beschäftigung mit Musik wecken, das Musikmachen, nicht das Erlernen des Notensystems steht im Vordergrund. Für die elementare Musikerziehung von Kindern im Primar- und Sekundarbereich (auch Förderschule).

Persen

Bestellcoupon

Persen

Ja, bitte senden Sie mir/uns aus der Reihe „Bergedorfer® Kopiervorlagen" mit Rechnung

____ Expl. **Musik in der Primarstufe** Best.-Nr. **2107**

____ Expl. **Leichtes Musizieren mit Orff-Instrumenten 4.–6. Schuljahr** Best.-Nr. **2336**

____ Expl. **Singspiele für das 2.–4. Schuljahr** Best.-Nr. **2199**

____ Expl. **Musik in der Sekundarstufe I** Best.-Nr. **2108**

☐ Ja, bitte schicken Sie mir kostenlos Ihren aktuellen Gesamtkatalog zu.

Bestellen Sie bequem rund um die Uhr!
Telefon: 0 41 63/81 40 40
Fax: 0 41 63/81 40 50

Bitte kopieren und einsenden an:

Persen Verlag GmbH
Postfach 260
D-21637 Horneburg

Meine Anschrift lautet:

____
Name/Vorname

____
Straße

____
PLZ/Ort

____
Datum/Unterschrift

____
E-Mail